자녀 자존감 키워주기 100일 미션

# 미션 임파서블

# 자녀 자존감 키워주기 100일 미션
## 미션 임파서블

**초판 1쇄 발행** 2019년 5월 8일
**2쇄 발행** 2019년 9월 1일
**3쇄 발행** 2022년 5월 18일

**지은이** 이영주
**펴낸이** 장길수
**펴낸곳** 지식과감성#
**출판등록** 제2012-000081호

**디자인** 윤혜성
**편집** 이현, 최지희
**교정** 김연화
**마케팅** 고은빛

**주소** 서울시 금천구 벚꽃로298 대륭포스트타워6차 1212호
**전화** 070-4651-3730~4
**팩스** 070-4325-7006
**이메일** ksbookup@naver.com
**홈페이지** www.knsbookup.com

ISBN 979-11-6275-614-0(03190)
값 13,000원

ⓒ 이영주 2019 Printed in Korea

잘못된 책은 구입하신 곳에서 바꾸어 드립니다.
이 책의 전부 또는 일부 내용을 재사용하려면 사전에 저작권자와 펴낸곳의 동의를 받아야 합니다.

이 도서의 국립중앙도서관 출판예정도서목록(CIP)은 서지정보유통지원시스템
홈페이지(http://seoji.nl.go.kr)와 국가자료공동목록시스템(http://www.nl.go.kr/kolisnet)에서
이용하실 수 있습니다. (CIP제어번호 : CIP2019017161)

 홈페이지 바로가기

자녀 자존감 키워주기 100일 미션

# 미션 임파서블

이영주 지음

**고3 아들과 공무원 아빠의 다이어트 100일 미션**
혼자 꾸는 꿈은 그냥 꿈이지만, 함께 꾸는 꿈은 현실이 된다

세상 사람들이 모두가 아는 비밀
친구도, 사랑도, 행복도, 행운도, 기적도, 천국도?
-답은 본문에-

지식과감성#

모든 곳에 행운과 기적,
행복과 천국이 있다.

가족사진

[Prologue]

## 혼자 꾸는 꿈은 그냥 꿈이지만
## 함께 꾸는 꿈은 현실이 된다

2018년 9월 17일은 우리의 기념일이다.

아들이 다이어트가 힘들다며 도움을 요청해 성공에 대한 기대 반, 불안 반으로 함께 100일 미션을 시작했다.

자존감이 낮다고 생각하는 아들에게 다이어트보다 더 중요한 자존감을 키워 주는 일이 나의 가장 큰 목표가 되었다.

그러면서 테니스를 했고, 그때부터 일기를 쓰기 시작했다.

처음 나의 100일 미션은 불만과 인내의 연속이었다.

그동안 나는 아들이 무책임하고 무기력한 사람이라고 생각했었다. 하지만 매일 함께 운동을 하며 대화를 나누어 보고, 아들이 다른 사람보다 정직하고 성실하다는 것을 알게 되었다. 주관이 없고 우유부단하다고 생각했는데 알고 보니 신중하고 배려심이 깊은 아이였다. 늦기는 해도 끝까지 포기하지 않고 해낸다는 것도 알게 되었다.

매사에 소극적인 아들이 모든 일에 솔선수범하고 다른 사람을 이끌어갈 수 있도록 부족한 자율성을 키워 주고 싶었다. 아들이 모든 것을 스스로 선택하고 결정하도록 하겠다고 마음먹는 것은 나에게 정말 힘든 결정이었다.

자신의 작은 장점들을 끌어내고 자존감과 용기를 키워 가며 테니스 실력이 향상되어 가는 것을 보는 것, 아들이 현명한 선택을 하고 인생의 새로운 지혜를 깨닫도록 표시 나지 않게 이끄는 것이 나에게는 큰 기쁨이고 행복이었다.

가족들도 내 생각을 알았으면 하는 마음에 그동안 쓴 글을 부인과 딸에게 보내 주었는데 정말 좋다며 매일 감동을 해 주었다. 그리고 다른 사람들과도 공유할 수 있도록 책으로 만들면 더 좋겠다고 했다.

글을 쓴다는 것은 정말 어려운 일이다. 특히 사건이나 감동이 없으면 쓸거리도 없고, 쓰기도 싫었다. 그러나 일단 제목을 정하고 쓰다 보면 생각지도 않은 꺼리들이 생겼다.

중간에 장마가 시작되고, 내가 무리하게 운동을 해서 종아리 근육이 파열되어 테니스를 할 수 없게 되었다. 그렇게 우리의 운동도, 테니스 일기도 쓰지 못하게 되어 미션이 실패하는 줄 알았다. 아들이 가끔 손가락과 허리가 아파 불안하기도 했고, 무릎이 아파 뼈를 맞춘 적도 있었지만 우리는 포기하지 않고 계속했다.

기적이 일어났다.

2018년 9월 17일 미션 100일째, 불안했지만 아들을 믿고 끝까지 지켜봐 주었더니 우리는 결국 성공했다. 정말 감동적이었다.

**혼자 꾸는 꿈은 그냥 꿈이지만 함께 꾸는 꿈은 현실이 된다.**

직장 동료들과 테니스 회원들이 우리가 함께 미션을 수행하는 것을 보며 부러워하고 대단하다고 칭찬을 해 줘서 끝까지 하는 데 큰 도움이 되었다.

아들은 순간순간 목표를 세우고 자신을 시험하며 성장하고 있었다. 아들에게 인생을 살아가는 데 가장 중요한 '목표를 세우는 습관', '새로운 도전의 습관'이라는 최고의 보물이 생긴 것 같다.

아들에게 이번 미션 경험은 '뭐든지 할 수 있다'라는 소중한 디딤돌이 되어 줄 것이라고 생각한다. 아들은 앞으로 이력서를 쓸 때 지금까지 가장 뿌듯했던 일을 쓰라고 하면 미션을 수행해서 다이어트에 성공한 일을 쓰겠다고 했다.

나의 사명은 '모든 사람을 행복하게 해 주겠다'이다. 사람들이 조금이라도 더 행복했으면 하는 마음에서 그렇게 정했다. 그중 가장 소중한 사람이 '나'와 '우리 가족'이다. 그래서 100일 미션을 할 수 있었고, 글을 쓸 수 있었다.

책으로 만들었으면 좋겠다고 해 준 부인 김덕아와 딸 이현지, 아들 이석현에게 감사하다.

처음 내 일기를 보고 내용이 너무 좋다고 칭찬해 주며 출판을 권하고, 자기 일처럼 여러 차례 교정해 주신 영암군문인협회 조세란 회장님께 진심으로 감사드린다.

이 글을 읽고 한 사람만이라도 도움이 되었으면 하는 마음에서 책을 만들었다.

모든 사람들이 항상 행복했으면 좋겠다. 감사하다.

[독자 감상문]

세상에 이런 아들과 아빠는 없을 것이다.

첫 장을 펼쳤을 때 작가의 넘치는 에너지와 주체할 수 없는 가족에 대한 사랑, 미션을 통해 행복이 넘치고 있었다. 소제목들을 보면서 혹시나 뻔한 내용이면 어쩌나 하는 마음이 들었으나 읽으면서 차츰 내용이 더 궁금해 하루 만에 다 읽어 버렸다.

처음에는 서로 원활한 소통이 되지 않고 약속과 책임감으로 하루하루 노력하는 모습을 볼 수 있었으나 그 불안은 하루하루 궁금함으로 변했다. 아빠가 이끌고 아들이 따라갈 것이라 생각했던 것과 달리, 아들이 선택하고 아빠가 지지해 주며 서로의 관계 변화를 보면서, 아빠의 눈치를 보며 의견을 제시하던 아들이 시간이 지날수록 자신의 의견을 표현하고 자신감을 가지면서 아빠와 100일 미션뿐만 아니라 학교에서도 자신이 해야 하는 일에 대해 도전하며 포기하지 않고 끝까지 해내는 모습. 아르바이트를 하며 자신을 이해하고 일에 대한 가치를 가지고 사고하며 온전히 자신의 것으로 만들어 가며 성장해 갔다. 엄마와 누나도 처음에는 의무감으로 감상문을 썼는데 갈수록 재밌고 행복해서 썼다는 것을 느낄 수 있다. 100일 미션을 하면서 작가의 가족은 이렇게 많은 성장과 행복을 가져 올 줄은 누구도 생각하지 못했다고 했다. 새로운 도전에 대한 기대와 두려움을 즐길 줄 아는 가족의 성장 일기를 보았다. 미션을 하면서 온 가족이 점점 더 행복을 만들어 가고 한 가정이 천국이 되어 가는 것이 눈에 보였다.

가족이 함께 볼 수 있는 책이 많지 않다. 엄마는 이 책을 꼭 사서 가족이 모두 읽었으면 할 것이다. 아빠가 달라지기를 바라니까. 그러나 아빠는 부담스러울 수도 있다. 이렇게 못 할 수도 있으니까. 자녀는 어떨까?

이 책은 아들을 위한 책을 넘어 온 가족을 위한 책이다.
지금까지 읽은 책 중에 괜찮다며 다른 사람에게 권장하고 싶은 책은 처음이다. 작은 돈을 투자해서 몇 천배 효과를 얻을 수 있는 책이다. 아는 사람들에게 사서 선물하면 참~ 좋아할 것이다.
보통 사람들의 사랑법, 가족 간에 진짜 사랑하는 방법, 한 가정을 천국으로 만드는 방법을 알고 싶고, 자신이 선택한 삶에 책임을 지는 성숙한 사람이 되기를 바란다면 이 책을 읽기를 권한다.
책을 읽는 동안 아빠와 아들의 변화에 행복해 하고, 가슴 먹먹해 지며, 웃음 짓게 하는 소중한 선물이었다.

*진로상담사, 평생교육사 최수진*

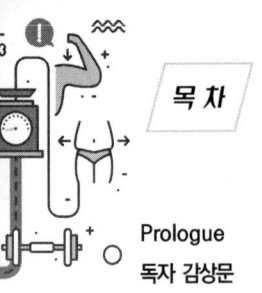

# 목 차

Prologue | 5
독자 감상문 | 8

## chapter 01
## 결과는 행복

1. 200만 원 전 재산, 수십억의 감동! | 16

2. 아들 성장 일기
   - 인생 | 27

3. 아들 100일 미션 성공 수기
   - 같이의 가치 | 34

4. 아들 감상문
   - 우리 가족이 너무 멋지고 자랑스럽다 | 37

5. 딸 감상문
   - 우리 집은 천국이다 | 39

6. 엄마 감상문
   - 세상에 딱 한 사람! | 43

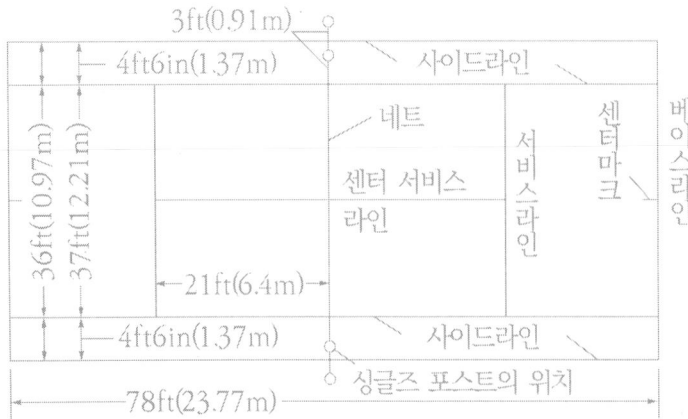

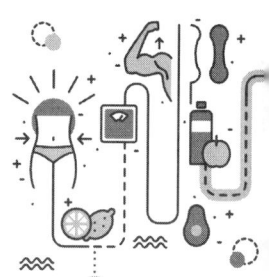

*chapter 02*

# 인내의 시간들
# 그리고 사랑

1. 모든 문제에는 답이 있다.
   사랑에도 전략이 필요하다 | 48
2. 첫 데이트는 항상 설렌다 | 54
3. 흔들리지 않고 피는 꽃은 없다 | 56
4. 슬럼프는 하루아침에 극복되지 않는다 | 58
5. 이 또한 지나가리라 | 60
6. 시키면 기분 나쁘지만
   원하는 것을 주면 모두 행복하다 | 62
7. 스스로 선택하면 책임진다 | 64
8. 행운은 기대하지 않을 때보다
   열심히 하면서 기다릴 때 더 크게 온다 | 66
9. 재능보다 욕심을 자극하라 | 69
10. 가장 최선을 다해야 하는 것은
    가장 소중한 것을 위해서다 | 71

chapter 03

# 문제는
# 보물이었다

1. 스스로 결정하면 최선을 다한다 | 78
2. 건강을 위해 운동한다고?
   운동하기 위해 건강해야 해~ | 82
3. 최고의 질문?
   상대가 자신을 자랑스럽게 느끼며
   말할 수 있는 질문이다 | 86
4. '불가능'이란 없다고? 모든 것을
   스스로 좋아서 하는 것은 '불가능'하다 | 93
5. 답은 여러 가지다 | 96
6. 최고의 동기 부여는
   자신이 발전해 가는 모습을 보는 것이다 | 99
7. 습관이 본능을 이긴다 | 105
8. 책임감보다 자율성 | 110
9. 능력보다 마음가짐 | 113
10. 행복은 아들과의 대화 시간에 비례한다 | 117
11. 임계점은 새로운 도약의 출발선이다 | 129
12. 자기표현은 자신감과 자존감의 표시다 | 133
13. 도전의 성과는 크다 | 138

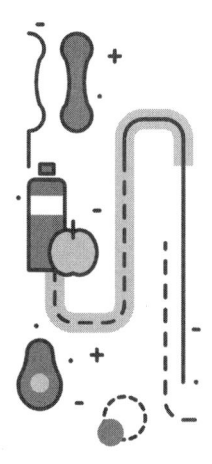

14. 빨리 가려면 혼자 가고,
    멀리 가려면 함께 가라 | 144

15. 하고자 하는 사람은 방법을 찾고,
    하기 싫은 사람은 핑계를 찾는다 | 150

16. 자부심도 오기도 성장을
    몇 단계 뛰게 하는 강한 힘이 있다 | 157

17. 세우지 않은 목표는
    절대로 달성할 수 없다 | 163

18. 어렵지 않으면 재미가 없다 | 167

19. 신뢰를 잃으면 모든 것을 잃은 것이다 | 173

20. 결과보다는 열심히 하는 과정을
    감동적으로 칭찬하라 | 177

21. 세상에 공짜는 없다 | 184

22. 기적은 일어나는 것이 아니라
    만드는 것이다.
    행운도 행복도… | 189

23. 좋은 습관 하나가
    100가지 보물보다 낫다 | 195

24. 세상 모든 것이 공부다 | 198

25. 내용보다 시점 | 206

26. 칭찬은 고래도 춤추게 한다?
    거짓말이다. 속지 말자.
    일관성보다 유연성 | 217

27. 당근과 채찍의 조화 | 223

28. 준비에 실패한 사람은
    실패를 준비한 것과 같다 | 226

29. 어려울수록 더 재밌다 | 231

30. 감정이 뇌를 지배하는 것이 아니라
    뇌가 감정을 조절한다 | 236

31. 훌륭한 선택을 하는 것보다도
    훌륭한 선택으로 만드는 것이 더 중요하다.
    ALL-WIN? | 239

32. 유혹을 이겨 낸다는 것은
    불행의 씨앗을 없애는 일이다 | 245

33. 극한 상황에서 잠재 능력이 나온다 | 250

34. 포기하는 때는 대부분 성공 직전이다 | 255

35. 위기는 기회다 | 258

36. 기적이 일어났다 | 261

Epilogue | 265

chapter *01*

# 결과는 행복

그림 이석현

## 200만 원 전 재산, 수십억의 감동!

2017년 12월 14일 아침에 일어나 출근 준비를 하고 있는데 고2인 아들이 봉투를 2개 가져와 웃으면서 엄마와 아빠에게 하나씩 줬다.
"뭐니?"
"그동안 아르바이트해서 번 돈이에요."라고 하며 멋쩍은 듯 웃었다.
"뭐?"
웃음이 절로 나왔다. 여기까지는 기본적인 감동이었다.
그런데~
"얼마니?"
"200만 원이요."
"뭐? 뭐야? 200만 원?"
너무나 감동받아 눈물이 나려고 했다. 너무 놀라웠고 믿기지 않았다. 지난 7월부터 매주 금요일과 토요일에 날을 새며 아르바이트를 해서 조금씩 모은 돈 전부다. 그렇게 소중한 전 재산을 아들이 선뜻 우리에게 준 것이다.

여름방학 끝나고 주말 저녁에만 아르바이트를 하던 때였다.

일요일 아침에 아들과 밥을 먹는데 아들이 나에게 물었다.

"아빠~ 제 시급이 5,500원이거든요? 얼마 전에 제가 다른 사람 대타로 몇 번 했는데 월급을 받아보니까 제가 생각했던 것보다도 적게 들어 왔더라고요?"

"그래?"

아들이 불만이 있다는 것을 직감적으로 느낄 수 있었다.

사장님께 이상하다고 물었더니 아들이 해야 할 날은 5,500원인데, 대타로 한 날은 5,000원이라고 했단다.

"뭐야?"라고 놀란 척, 기분 나쁜 척 대답하고는 나는 속으로 많은 생각을 했다.

'석현이가 기분 나쁘기 때문에 같이 기분 나빠해 줘야겠구나'라고 생각하며 얘기를 계속 들었다.

"아빠~ 너무한 것 아녜요?"

"정말 너무했다. 사장님이 그러시면 안 되지. 나도 엄청 기분 나쁜데?"

"아빠 그렇죠?"

"응~ 아주 나쁜 사장인데? 그래서 너도 엄청 기분 나빴겠구나? 그렇지?"

"네~ 그런데 아빠~ 그리고 오늘 또 대타해 주라고 했어요."

"웃기는 사장이네? 하지 말아 버려. 기분 나쁜데 뭣하러 하니?"

chapter 01. 결과는 행복

"그렇죠? 그래야겠죠?"
"그럼~ 아주 나쁜 사장인데?"
아들과 최대한 공감을 하면서 기분을 맞춰 주었다.
"그런데 너는 어떻게 할 생각이니?"
"저도 하기 싫어요."

아들이 여름방학 때 아르바이트를 한다고 했을 때 물었다.
"석현아~ 왜 아르바이트 하려고 하니?"
"아빠가 중학교 때부터 아르바이트 해 보라고 해서 그동안 고민을 했는데, 집 앞 편의점에서 아르바이트 구한다고 해서 경험도 쌓을 겸, 한번 해 보려고요."
"잘 생각했다. 한번 해 봐라."
항상 소심한 것 같아 아들이 무엇이든 도전해 보기를 바라는 마음에 했던 말인데 아들이 그것을 기억하고 실천해 줘서 대견했었다.
처음에는 힘들어했는데 나중에는 재밌다고 했다. 처음 습관이 평생 가기 때문에 아들에게 몇 가지 얘기를 해 줬다.
"석현아~ 너는 아르바이트생이지만, 주인처럼 생각하고 일을 해야 한단다? 네가 주인이라고 생각하면 네 세포는 주인처럼 움직여서 더 열심히 할 거야. 그러면 손님들에게도 훨씬 더 친절할 것이고, 그러면 또 사람들이 너를 더 칭찬할 것이다. 그러면 너는 기분이 좋아서 더 열심히 하고 싶지 않겠니? 이렇게 선순환이 계속되면 너의 인생, 운명이 바뀔 수도 있단다. 그런데 네가 종업원이라고 생각하면 네 세포는 종업원의 역할만 해내면 된다고 생각하고 그만큼만 움직일 것이고, 남의 일을 억지로 한다고 생각할 거야. 그러면 일도 재미없고, 성과도 나지 않을 거야. 그러면 손님들이 안 왔으면 할 것이고, 불친절하게 건성으로 대하지 않겠니? 그러면 칭찬보다는 욕을 먹게 되어 더 하기 싫어질 거야. 그런 악순환이 계속되면 너의 인생과 운명이 나쁜 쪽으로 갈 수 있지 않겠니? 아빠 말 이해가 되니?"

"네."

"그럼 주인처럼 모든 분들께 친절하고 즐겁게 해 봐라."

"네 아빠~ 그렇게 할게요."

아들이 처음 자기 힘으로 돈을 벌면서 돈보다도 더 중요한 것을 얻기 바라며 해 주었던 말이다. 그런데 이번 사건으로 아들이 뭔가 소중한 것을 잃지나 않을까 걱정됐다.

나는 '가치'에 대해 말해 주고 싶었다.

그런데 기분이 나빠 있는 상태에서 '네가 잘못 생각하고 있다'고 지적하면 더 기분 나빠할까 봐 아들 기분을 맞춰 주고 얘기를 해야겠다고 생각하며 최대한 아들과 같은 기분으로 공감해 주고 이해해 주었다.

"석현아~ 그런데 우리 가만히 한 번 생각해 보자. 네가 생각했을 때 사장님이 나쁜 사람이니?"

"그런 것 같지는 않아요. 그런대로 좋은 사람 같아요. 말씀도 상냥하고 친절하게 해 주시고, 음식도 잘 주셔요."

"그래, 그렇구나. 그럼 너는 처음 아르바이트 할 때 아빠가 얘기했던 것처럼 네가 주인이라고 생각하고 일을 했었니?"

아들은 이 말에 섬찟한 느낌을 받은 것 같았다. 그렇게 하지 않았다는 것을 스스로 깨달은 것이다.

"아니요"라고 기어들어 가는 목소리로 조용히 말했다.

"너는 부당한 대우를 받은 것 같고, 사장님이 너를 무시한 것 같은 느낌을 받아서 억울하기도 하고 분하기도 하고, 기분이 엄청 나빴을 거야. 그랬지?"

"네."

아들이 뭔가 더 소중한 것을 배웠으면 하는 마음에서 얘기를 계속했다.

"석현아~ 그럼 사장님 입장에서 한번 생각해 볼까? 다른 아르바이트생이 안 나오면 누가 그 시간에 일하겠니?"

"사장님이 하시거나 전처럼 나에게 부탁을 하지 않을까요?"

"그렇겠지. 그럼 다른 아르바이트생이 못하겠다고 해서 사장님이 하게 되면 13시간 동안 아르바이트비 71,500원은 누가 갖지?"

"그야 사장님이 가지겠죠?"

"힘은 드시겠지만 그 돈은 고스란히 사장님 것이 되겠지?"

"네."

"그런데~ 사장님께서는 네가 시간이 있어서 5,500원이 아닌, 5,000원만 받고라도 아르바이트를 하고 싶어 할 수도 있다고 생각하고 너에게 시급 5,000원에 65,000원을 벌 기회를 주고 싶은 생각이었을 수도 있지 않겠니?"

"……."

"그랬다면 사장님은 나쁜 사람이니? 좋은 사람이니?"

"……."

"정말로 너에게 도움을 주기 위해 그랬다면 사장님은 좋은 분 아니니?"

"……."

"사장님께서 대타를 해 달라고 할 때, 원래 시급이 5,500원인데 이러 저러하니까 5,000원만 받고라도 하겠느냐고 묻고 부탁을 했다면 너는 기분 나빠하지 않고 대타를 할 것인지 말 것인지를 스스로 선택했을 거야. 그렇지?"

"네."

"내가 생각했을 때, 사장님께서는 단지 너에게 사전에 아빠가 얘기한 것처럼 얘기를 못 했을 뿐이지 나쁜 사람은 아닌 것 같구나. 그렇지 않니?"

"네 그렇네요."

"그러면 다시 정리해 볼까? 사장님께서 너를 속이려고 한 것이 아니기 때문에 나쁜 사람이 아니고, 너는 대타를 안 했을 때보다 돈을 벌 수 있어서 더 이익이 되었고, 그렇다면 너는 기분이 좋아야 맞겠네? 그렇지?"

"네~ 아빠 말씀이 맞네요."

아들의 기분이 변해 가는 과정을 보고 나는 기분이 정말 좋았다.

"그렇다면 네가 기분 나쁜 원인에 대해 다시 한번 생각해 볼까? 네가 기분 나빴던 것은 지금까지 네가 살아온 상식에서 판단했기 때문에 사장님이 너를 속였다고 생각했고, 그래서 너는 억울하고 분하고 기분 나빴던 것이다. 그런데 지금 기분 나쁘지 않은 이유는 아빠의 얘기를 듣고 판단 기준이 처음과 달라졌기 때문이다. 그렇지 않니?"

"네. 그렇네요."

"우리 아들이 이름처럼 정말 현명하고 명석하구나. 다른 사람 같았으면 아빠 말을 이해하지 못했을 텐데 바로 이해하네? 게다가 다른 사람 같으면 자신의 판단이 잘못되었다는 것을 인정하지 않고 억지를 부렸을 텐데 너는 자신의 잘못을 인정할 줄 아는 훌륭한 용기를 가지고 있구나? 우리 아들 대단하다. 그리고 그때 화가 났을 때 사장님께 따지지도 불평도 하지 않고, 아빠에게 물어보았다. 다른 사람보다도 훨씬 신중한 행동을 해 준 네가 정말 대단하다."

"······."

"석현아~ 이제 기분이 좀 나아졌지?"

"네."

"석현아~ 너도 잘 알겠지만, 사람들은 상대의 마음을 잘 아는 것도 힘들고, 상대가 기분 나쁘지 않게 자세하게 설명해 주기란 더욱 더 힘든 일이란다. 나도 그렇고 너도 그렇지 않니? 너의 사장님께서도 다른 사람들과 비슷한 보통 사람이었기 때문에 너에게 자세히 설명해 주지 못했을 거야."

"그럴 수 있겠네요."

"역시 우리 아들이다. 하하하. 다음에 또 대타해 달라고 하면 어떻게 할 거니?"

"글쎄요. 지금은 안 할 것 같은데, 모르겠어요."

"그래, 하고 싶지 않으면 하지 말아라. 돈도 중요하지만, 기분이 더 중요할 수가 있지. 그래도 오늘 너는 세상을 살아가는 데 매우 소중한 것을 얻었구나. 어떤 기준으로 보느냐에 따라 좋은 사람이 될 수도 있고, 나쁜 사람이 될 수도 있다는 것과 세상은 돈보다도 더 소중한 것들이 많다는 것을 알았지? 가치는 어떻게 생각하느냐에 따라 몇백 배 차이가 난다는 것도 알았으니, 너는 누구보다도 멋진 사람이 되었고, 엄청난 가치를 만들어 낸 부자가 되었구나. 네가 내 아들인 것이 자랑스럽다. 사랑한다."

"……."

"그럼 이제 놀아라."

"네. 아빠~ 이렇게 좋은 말씀을 해 주셔서 정말 감사해요."

"나도 고맙다. 석현아!"

그 후 나는 아들이 어떤 행동을 할지 궁금했다. 가치가 뭔지를 아는 아들은 비록 시급이 5,000원이더라도 기분 좋게 대타를 해 줄 것이라고 기대했었다. 우리 아들은 나의 기대를 저버리지 않고 다음에 대타를 또 했다. 아들에게 기분 나쁘지 않았냐고 물었더니 이번에는 나쁘지 않았다고 했다.
"그래? 왜 그랬을까?"
"아빠가 전에 저에게 말씀해 주셔서 이번에는 사장님께서 저에게 배려를 해 주신다고 생각했기 때문인 것 같아요."
"역시 우리 아들 훌륭하구나. 잘했다. 세상의 모든 것은 자기가 어떻게 생각하느냐에 달려 있다는 것을 너는 이미 아는 구나? 우리 아들은 이미 철학자가 되었네? 하하하."

며칠 전 일이다.
"아빠~ 사장님께서 회사 사정이 좋지 않기 때문에 새벽 1시까지만 하라고 했어요"라고 실망스런 목소리로 말했다.
"오메, 그래? 너는 좋니? 나쁘니?"
"그냥 그래요"라고 실망스러운 감정을 숨기며 말했지만 나는 알 수 있었다.
"그래 석현아~ 좋게 생각하자. 돈은 조금 덜 벌지만, 집에서 편하게 잘 수 있지 않겠니? 다음 날 생활하기도 더 좋고…."
"네, 그래요. 아빠."
나는 아들의 그런 반응이 너무나 기뻤다. 아들이 일에 대해 생각이 완전히 바뀌었다는 것을 느꼈기 때문이다.
며칠 후 또 아들이 웃으며 얘기했다. 느낌이 좋았다.

"아빠~ 원래는 1시까지만 하는데요, 사장님께서 손님이 있으면 3시까지 해도 된다고 했어요."
"오우 그래? 그래서 너는 몇 시까지 할 거니?"
"손님이 없으면 1시까지만 하는데, 있으면 3시까지 할 생각이에요."
"그래, 잘 됐다. 신나게 해라."
그 후 아들은 3시까지 했다고 나에게 자랑했다.

또 며칠 후에 아들이 웃으며 사장님이 이제부터는 목, 금, 토, 3일간 해 달라고 하셨다며 좋아했다.
"오우 그래? 잘됐다~ 석현아~ 축하한다. 좋냐?"
"피히~ 히히, 네~에."
이제 우리 아들은 일이 고통이 아니라 행복이라는 것을 깨달은 것이다.

나는 아들에게 물었다.
"친구들에게 아르바이트해서 모은 돈 200만 원을 부모님께 주겠다고 얘기해 봤니?"
"네."
"친구들이 뭐라고 하든?"
"너무 오버하는 거 아니냐고 그랬어요."
"그렇게 얘기 했는데도 엄마 아빠에게 그 큰돈을 준거냐?"

"네."

아들은 피시시 웃으며 말했다.

아들이 다른 친구들은 전혀 상상할 수 없는 큰 생각과 결정을 해 준 것에 대해서 감사하고, 지혜와 용기가 있다고 느끼면서 '내가 아빠로서의 역할을 잘 하고 있구나'라는 생각을 했다. 200만 원이라는 용돈도 엄청나지만, 아들이 성장하고 성숙해 가는 모습은 수십억 원의 가치가 있다.

나는 참 행복하다. 세상이 정말 감사하다.

석현이가 준 감동

## 아들 성장 일기
–
인생

2000년 4월 16일 나는 태어났다.

아기 때는 기억이 나지 않는다. 유치원 때 나는 나쁜 아이였다. 친구들 물건을 훔치다 들켜 매 맞은 일이 생각날 정도면 적어도 나는 착한 아이는 아니었던 것 같다.

초등학교에 들어와서도 내 손은 여전히 더러웠다.

부모님 지갑에서 돈을 빼다 쓰는 등 너무도 창피한 일들을 했다. 초등학교 2학년 때 있었던 일이다. 친구들과 놀고 집에 가는 도중 무엇 때문인지는 잘 모르겠지만 장난감 칼로 앞에 있던 검은색 자동차, 그것도 비싼 차를 쭉 그어 버렸다. 왜 그랬는지 모르겠다. 나중에 아빠가 잘 해결하긴 했으나 그것은 아직도 의문이다.

초등학교 5학년 때였다.

겨울방학 전에 교실에 있던 물건을 다 정리하고 애들은 밥을 먹으러 갔다. 나는 왜 그랬는지 모르겠지만 같이 가지 않고 반에 남아 있었다. 다른 친구도 있었는데 그 친구가 갑자기 "지금 아무도 없으니까 돈 훔칠까?"라며 유혹했다. 처음에는 겁났지만 그 말에 동조하고 말았다. 하지만 내 생각과 달랐다. 나는 1~2천 원 생각했는데 그 친구가 갑자기 만 원짜리 여러 장을 꺼내는 것이다. 나는 놀라 '만 원은 좀 아니다'고 했는데 그 친구가 괜찮다고 해서 나는 바보같이 '그런가?'라고만 했다. 그때 친구들이 올라왔고 지갑을 원래 자리에 두어야 하는데 계단에 던져 버렸다. 그걸 애들이 보게 되었고 그 친구와 내가 돈을 훔친 것이 들통났다. 결국 우리는 자백했고, 많이 혼나고, 손가락질 받았다. 그때만 생각하면 내가 너무 창피하고 화가 난다. 이것이 가장 돌리고 싶은 과거 중 하나다. 물론 내가 자초한 일이지만 이 일 때문에 내 자존감이 떨어진 것 같다.

중학생이 되어 나름 성숙해진 줄 알았으나 전혀 아니었다.
나는 여전히 나쁜 아이였다. 부모님 앞에서는 무서워 착한 행동을 하고 학교에서는 욕하고 친구들 놀리고 선생님께 비아냥거렸다. 3학년 때 우리 반에 선생님께 대들고 욕하고 비아냥거리는 아이가 또 있었다. 담임 선생님 성격이 좋으셨는데 어느 날 수업시간에 그 애가 떠들고 수업을 방해했다. 욕하고 비아냥거리는 모습이 마치 나를 보는 것 같아 그 순간 너무 창피했다. '내가 욕할 때도 다른 사람들 눈에 저렇게 비쳤던 걸까?'라고 생각하면서 죄책감을 느끼고 반성하며 저렇게 살지 않겠다고 다짐했다. 반성했다고 그 애와 다르다고 생각하지는 않는다. 과거를 없앨 수는 없으니까.

고등학교 입학 원서를 써야 한다고 했다.

겨울 방학 2주 전에야 '아 이제 나도 준비해야 하는데'라고 생각했다. 나는 인문계는 안 가겠다고 생각했다. 인문계는 대학을 목표로 공부하는 학교인데 나는 공부하기 싫었고, 잘할 자신도 없었다. 그래서 공업고등학교를 가야겠다고 생각했다. 나는 중학교 때 공부를 안 했다. 아니 못했다. 주변에서는 '왜 공부를 안 하냐 넌 하면 잘하지 않냐?' 이런 말을 듣는데 너무너무 듣기 싫었다. 마음먹고 공부를 하면 성적이 올라야 하는데 그렇지 않았다. 그래서 일부러 더 공부를 안 하는 척했다. 고등학교도 커트라인이 낮은 곳을 알아보았다. 나주공고, 담양공고, 신북공고. 나는 처음에 나주공고를 가고 싶었다. 이유는 딱히 없다. 내가 진짜 가기 싫은 곳은 구림공업고등학교였다. 지금은 많이 바뀌었지만 내가 초등학교 때부터 이곳은 이미지가 좋지 않았기 때문이다. 그런데 가고 싶었던 나주공고가 들어가기 어렵다고 해서 덤벼 보지도 않고 포기했다. 내가 고쳐야 할 문제 중 하나가 시도도 해 보지 않고 포기하는 것이다. 그렇게 포기하고 다른 곳을 알아보는데 구림공업고등학교에 한옥건축과가 있는 것이다. '한옥? 한옥이면 나무로 집을 짓는 건데 또 전국 최초라네?' 나는 나무로 만드는 것을 좋아했고 '손재주가 참 좋다'라는 말을 많이 들었다. 처음에는 이미지 때문에 가기 싫었는데 나중에는 너무 가고 싶었다. 그 이유는 내 성적이 정말 낮았기 때문이다. 내신 94%, 100명 중 94등이라는 것이다. 당연히 갈 줄 알았는데 성적이 낮으면 떨어질 수 있다고 해서 또 걱정했다. 다행히 합격해서 구림공업고등학교 '한옥건축과'에 다니게 되었다.

　고등학교 입학 후 초반 나쁘지 않았다.
　학교는 무난하게 다니는데 친구가 한 명도 없었다. 중학교 때는 초등학교 때 같이 올라온 애들이 있어서 처음 본 애들과도 쉽게 친해졌는데 고등학교 때는 그게 너무 어려웠다. 내성적인 성격 때문에 외로웠지만 외롭지 않은 척했고, 친구들이 대화하는 것을 보면 부러웠지만 부럽지 않은 척했다. 친구들이 인사해도 잘 못 받고 말을 걸어도 대답을 못했다. 아직도 혼자지만 지금은 너무 다행이라고 생각한다. 거리를 둬야 하는 애들이 많기 때문이다.

　고등학교 2학년.
　선생님께서 전산응용건축제도기능사 공부를 하라고 했다. 이게 뭔지도 모르는데 하라고 해서 했다. 기말고사가 끝나 친구들이 영화를 볼 때 나는 혼자 공부했다. 고등학교 들어와 스스로 공부를 처음 한 것이다. 처음에 왠지 한 번에 합격할 것 같았으나 예상은 빗나갔다. 시험 보고 나오면서 다 포기하고 싶었다. '왜 떨어졌지? 왜 이렇게 어려운 거야, 짜증난다'라고 생각했다. 아무한테도 말하지 않고 두 번째 시험 일자를 확인하고 이번엔 더 열심히 하자고 했지만 마음처럼 쉽지 않았다. 합격할 줄 알았는데 또 떨어져서 포기하고 싶었지만 지금까지 한 게 너무 아깝고 그만두면 창피하기 때문에 그만둘 수 없었다. 세 번째 시험 일자를 알아보고 준비를 했다. 한 달 반 뒤 세 번째 시험을 봤다. 파란 글씨로 '합격'이라는 글씨를 봤을 때 너무 좋았다. 강선이도 자기가 합격한 것처럼 기뻐해 줘서 고마웠다. '포기하지 않으면 불가능은 없다'는 말이 떠올랐다.

필기시험에 합격하고 나는 긴장을 놓았다.

선생님께서 실기는 껌이라고 해서 '엄청 쉬운가 보다'고 생각했는데 너무 어려웠다. 연습을 하려는데 문제가 있었다. 그때가 봄방학하기 전이어서 학교에서 수업을 안 해 주시는 것이다. 처음에는 다 선생님 탓이라고 생각하고 화가 나서 따지고 싶었는데 생각해 보니 그게 아니었다. '나 혼자서도 충분히 할 수 있었고 선생님이 하라고 하기 전에 했으면 이런 일이 없었을 텐데…'라는 생각이 들었다. 그래서 학교가 끝나면 혼자 연습했고 봄방학 때도 학교에 가 연습했다. 방학 끝나고 모르는 것을 선생님께 여쭤 봤는데 전과 달리 열심히 알려 주셨다. 선생님도 자격증이 없어 책을 보며 가르쳐 주셨고 모르는 것은 친구나 선후배한테 물어 알려 주셨다. 그때는 정말 감동이었고 살짝 죄송했다.

실기시험 일자를 봤다.

완벽하게 준비가 덜 된 상태여서 겁이 났지만 '경험이 최고의 스승이다'라는 아빠의 말씀이 생각나 시험을 보기로 했다. 중간에 나왔지만 왠지 다음에는 합격할 것 같아 뿌듯했다. 두 번째는 더 열심히 했다. 수업 시간에도 연습할 수 있도록 허락해 주신 선생님께 감사했다. 며칠 전에는 선생님이 여태까지 신경 못써 줘서 정말 미안했다고 하셨다. 그전에는 선생님이 싫었지만, 이 말을 듣고는 왠지 감사했다. 그렇게 해서 두 번째 시험을 봤고 결국 합격했다. '내가 살면서 이렇게 열심히 한 적이 있었나?'라는 생각이 들었다. 단지 합격해서 기쁜 것이 아니라 내가 도전한 것의 결과가 성공해서 너무나 기뻤다.

합격자 발표하기 전에는 목공 기능사 준비를 했다.
처음에는 열심히 하지 않고 시간이 아까워 조금씩 했다. 그런데 내가 다른 애들보다 잘했고, 잘하다 보니 따라잡히기가 싫어 더 열심히 했다. 선생님이 '30년 동안 너처럼 열심히 하는 학생은 처음 본다'고 해서 믿기지 않았고, 내가 정말 고마웠다. 나중에는 친구들이 질문도 많이 했고 가르쳐 줄 수 있어서 기분이 좋았다. 모두가 열심히 해서 친구들 모두 자격증을 취득했다.

나는 캐드와 목공기능사 자격증 2개를 가지고 있다. 3학년 1학기 때부터 도장기능사를 취득하고 싶어 선생님께 여러 번 말씀드렸는데 나 말고도 하고 싶은 애들이 많으니까 가위바위보를 해야 한다고 했다. 도장을 할 수 있는 기회는 2번이나 있었지만 가위 바위 보를 져서 하지 못했다. 오늘 인터넷에서 찾아보니 올해 도장기능사 시험이 한 번 남았으니깐 기회는 있다. 그리고 이번에도 남들보다 두 배 세 배로 열심히 해서 꼭 취득할 것이다. 이 학교에 온 가장 큰 이유는 취업이라고 생각한다. 자격증이 여러 개 있으면 조금이라도 더 좋은 곳으로 취업을 할 수 있을 것이다.

졸업을 하면 먼저 군 문제를 해결하고 싶다. 군 문제가 해결되면 직장을 다니고 내 인생에 큰 변화가 있을 것이다. 나는 외로움을 많이 타지만, 혼자 있는 것을 좋아한다.

나는 꿈이 아직 없다.

언젠가 생길 꿈 미리 힘들게 생각하고 싶지 않다. 하고 싶은 것이 있으면 노력해서 하면 된다. 나는 모험을 하는 성격이 아니지만 하고 싶은 것이 생긴다면 무조건 도전할 것이다. 실패와 성공은 천지 차이지만 둘 다 도전이 없다면 아무것도 얻을 수 없기 때문이다.

***2018년 9월 3일 아들 이석현***

## 아들 100일 미션 성공 수기
-
### 같이의 가치

    6월 10일 새벽, 아빠와 대화하면서 나의 운동 얘기가 나왔다. 살을 빼고 싶은데 아르바이트하며 간식을 먹어 살 빼는 것이 힘들다고 하자 아빠가 도와준다고 했다. 100일 동안 다이어트를 해서 성공하지 못한 사람이 50만 원을 주기로 했다. 아빠가 같이 해 주겠다고 해서 정말 감사했다.

    매일 아침 6시에 일어나 집에서 간단하게 근력 운동을 하고 등산을 하기로 했다. 이틀 정도는 산에 갔는데 갑자기 테니스를 하고 싶어 아빠한테 말했더니 좋다고 해서 테니스를 하게 되었다. 어렸을 때 몇 번 쳐 봐서 어느 정도 할 수 있었다. 처음에는 힘들었으나 점점 실력이 늘고 주변에서 잘한다고 칭찬해 주셔서 더욱더 재미있었다. 이 일로 아빠와 나에게는 엄청난 추억거리가 생기게 되었다.

    테니스하는 목적은 살빼기 위해서인데 음식을 조절하지 못했다. 시간이 많이 남아서 방학 때부터 열심히 하겠다고 다짐했다. 방학하고 처음 며칠은 정말 열심히 했다. 아침과 점심에만 조금씩 먹고 저녁을 굶었다. 아침에는 아빠와 하고 저녁에는 혼자 줄넘기를 해서 열심히 살을 뺐다. 그 결과 방학 25일 만에 82.8kg에서 73kg까지 뺐다. 방학이 끝나고 학교에 가자 친구들이 살을 너무 많이 뺐다며 놀랐다. 그래서 너무 기분이 좋았고, 나 자신이 정말 대단하다고 느꼈다. 만약 혼자 했으면 일주일 정도 하고 포기했을 텐데 아빠가 같이 해 준 것이 가장 컸던 것 같다. 어떤 것을 하는 것도 중요하지만 누구와 하는가가 정말 중요한 것 같다.

유산소 운동을 하기 전에 무산소 운동을 하면 더욱 효과가 있다고 해서 밖으로 운동하러 가기 전에 집에서 땀을 흘리며 근력 운동을 하고 있는데 아빠가 보시고는 갑자기 "석현아~ 네가 만약 100일 미션을 성공하면 100만 원을 주겠다. 대신에 실패하면 아빠한테 200만 원을 줘라"라고 했다. 아빠는 아침에 테니스 하는 것만 봤는데 이렇게 열심히 하는지 몰랐다며 대단하다고 했다. 너무 기분이 좋았고 더 성공해야 하는 명분이 생겼다.

장마로 테니스를 할 수 없어서 아빠 사무실 체력 단련실에 갔는데 기구도 많고 좋았다. 기구를 사용해서 그런지 운동이 더 잘되는 것 같았고, 테니스는 칼로리 소모가 별로 안 되는 것 같아 매일 이곳에서 운동했다.

위기가 왔다. 5일밖에 남지 않았는데 몸무게는 75kg나 쪄 있었다. 전에 70.6kg까지 뺐는데 운동을 갔다 와서 밥을 2~3그릇 먹었더니 5kg나 찐 것이다. 내가 실패하면 나는 물론이고 아빠가 크게 실망할 거라는 것을 알기 때문에 포기할 수 없다. 하루 세끼를 굶고 과일만 먹으며 운동을 더 열심히 해서 결국 목표일에 69.3kg까지 빼서 성공했다. 매우 기분이 좋았다. 같이 해 준 아빠에게 정말 감사했다. 그리고 아빠도 성공했다. 아빠는 6kg만 빼면 되지만 몸무게가 덜 나가도 나이가 많기 때문에 빼는 것이 엄청나게 어렵다는 것을 안다. 정말로 기분이 좋았고 감사했다.

이렇게 운동한 것을 하루하루 세세하게 적은 것은 아니지만 감사 일기에 한 줄 한 줄 적어 놓은 것만으로도 엄청나게 의미 있는 일이라고 생각한다. 처음에는 단순히 살을 빼기 위해 시작한 일이지만 지금 보면 살만 빠진 것이 아니라 주변 사람들한테 의지가 강하다는 인상도 주었다. 이것은 아들과 아빠가 만든 기적이라고 생각한다. 태어나서 지금까지 내가 한 일 중에 가장 잘한 일이다. 100일 미션도 성공했지만, 하는 과정에서 너무나 재미있었고 행복했다. 새로운 기록을 깰 때마다 느낀 그 희열은 지금까지 한 번도 느껴 보지 못한 것이었다. 100일 미션을 하며 아빠와 많은 대화를 할 수 있었고, 아빠가 나에 대해 신뢰가 더 커진 것 같아 좋았다. 앞으로는 어떠한 도전도 할 수 있을 것 같은 자신감도 더 생겨서 나 자신에게도 감사하다.

*2018년 9월 18일*
*101일째 되는 날*

## 아들 감상문
―
**우리 가족이 너무 멋지고 자랑스럽다**

아빠가 쓴 테니스 일기를 읽고 많은 생각을 했다.

처음에 아빠가 책을 낸다고 했을 때 솔직히 별생각 안 했다. 그냥 '오~ 아빠가 책을 내면 멋지겠다' 정도로만 생각했는데 이렇게까지 잘 쓸 줄 몰랐다. 테니스 한 것은 거의 같은데 아빠가 하나나 재밌게 쓰려고 한 노력이 글에서 보인다. 읽으면서 '그때 아빠가 저런 생각을 하셨구나'라고 생각했다. 아빠가 쓴 테니스 일기와 누나의 감상문, 엄마의 감상문을 보는데 기분이 묘했다. 내가 그 당시 아빠한테 했던 말들과 행동까지도 세심하게 기억해 쓰는 게 쉽지 않았을 텐데 400페이지 가까운 글을 쓴 아빠가 정말 대단하고 멋지다. 그리고 그것을 보고 감상문을 자주 써 주고 나를 이해해 주고 공감해 준 엄마와 누나한테도 고맙다.

예전에는 내가 썼던 글을 엄마 아빠가 보시고는 글 쓰는 솜씨가 많이 느는 것 같다고 했는데, 그때마다 나는 '그런가? 똑같은 것 같은데?'라고 생각했는데 지금 다시 보니 확실히 늘긴 느는 것 같다. 그래서 아빠한테 고맙다. 어렸을 때부터 아빠랑 편지를 주고받는 게 익숙해서 지금은 아무렇지 않지만, 솔직히 어렸을 땐 귀찮았다. 그래도 아빠가 원하시니깐 했다. 지금은 '역시 아빠가 현명하셨구나!'라는 생각을 한다.

아빠는 돈을 원해서 책을 낸 게 아니라 '대한민국 고3 아들과 아버지가 이렇게 멋지고 대단한 일을 해냈다는 것'을 다른 사람들이 보고 도움이 되기를 바라며 책을 낸 것이다.
우리 가족이 너무 멋지고 자랑스럽다.

2018년 12월 14일

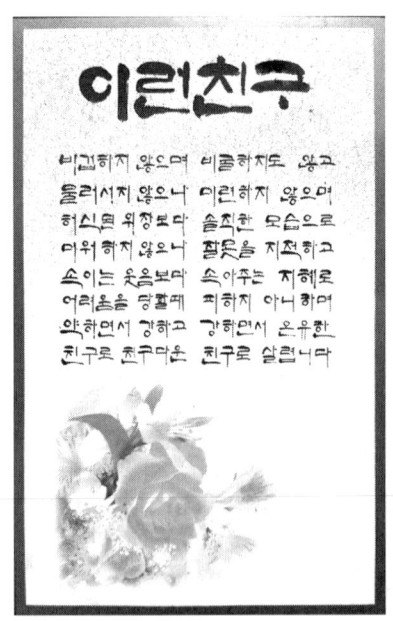

## 딸 감상문
―
### 우리 집은 천국이다

 성공할 것이라고 생각했다. 왜일까?
 아빠와 동생의 100일 미션, 100일 동안 동생 13kg, 아빠 6kg을 빼는 것은 결코 쉬운 일이 아니지만 왠지 나는 성공할 것 같았다. 내가 알고 있는 아빠와 동생이라면 할 수 있을 것이라는 믿음이 있었기 때문이다. 나도 아빠와 무언가를 하면 마음가짐이 달라지고 아빠가 잘 이끌어 준다. 하지만 100일 동안 매일 6시에 일어나 운동하고 식단 조절하기가 결코 쉽지 않다는 것을 알기 때문에 '참 힘들겠다'라는 생각을 했다.

 아빠는 하루하루 운동을 하며 있었던 일을 기록하고 생각을 담아 메일로 보내 주셨다. 아빠는 테니스한 사실만을 표면적으로 기록하지 않고 동생이 어떤 생각을 할지, 어떻게 하면 동생의 실력과 자존감을 극대화시킬지 수없이 생각한다는 것을 느꼈다. 정말 좋았다. 아빠는 항상 가족과의 관계를 더 좋게 만들기 위해 노력한다. 그 덕분에 우리 가족 모두가 더욱 노력해서 시너지 효과가 더 커진 것 같다. 지금까지 살아오면서 우리 가족에게 큰 문제나 어려움은 없었다. 하지만 내가 생각하기에 우리 집은 갈수록 분위기가 더 좋아지는 것 같다. 엄마와 동생 그리고 나도 갈수록 더 노력하면서 정신적으로 성장해 가고 있다는 것이 느껴진다.

처음 시작할 때 아빠의 불만과 인내, 싫은 표현 등이 많아 걱정되었으나 시간이 지날수록 내가 생각했던 것보다 아빠와 동생은 즐거움이 훨씬 컸고, 관계도 더 가까워졌으며 서로에 대해 더 많이 알게 된 시간이었던 것 같다. 아빠는 미션 내내 동생에게 모든 결정권을 주고 행동하도록 했다. 만약 100일 동안 아빠가 억지로 동생을 가르치려고 하고 못하거나 잘못한 점들이 있을 때마다 화를 냈다면 아빠 기분도 상하고 동생도 안 좋았을 것이다. 그랬다면 괴로움 속에 약속 때문에 어쩔 수 없이 하는 100일이었을 것이다. 비록 다이어트를 성공했더라도 그 기쁨은 별로였고 아빠와 동생 사이도 더 안 좋아졌을 것이다. 아빠가 잘 가르쳐 주어서인지 석현이도 테니스라는 운동을 무척이나 좋아했다. '나도 누군가를 가르칠 기회가 생긴다면 그 사람이 배우기 좋아하도록 아빠처럼 잘 가르칠 수 있을까?'라고 생각해 본다.

아빠의 말씀처럼 성공의 기쁨은 얼마 가지 못한다. 과정에서 성취감을 느끼고 대화를 통해 알아가는 행복이 훨씬 크다. 아빠가 사소하지만 사소하지 않은 것들 하나하나 신경 써가며 이렇게 큰 결과와 재미있는 과정들을 만들어서 좋다. 더군다나 이 과정 동안 아빠의 기분이 정말 좋고 행복해 보였다. 석현이에 대해 많이 생각하며 아빠의 생각대로 성장해 가는 모습에 많이 뿌듯해하시는 것 같았다. 동생이 잘 자라 준 것 같아 누나로서 나도 매우 기분 좋았다.

  아빠는 평소에도 표현할 때 그냥 하시지 않는다. 엄하시기도 하지만, 사소한 것도 칭찬해 주시고 공감해 주신다. 질문에 대한 답을 할 때 항상 많이 생각하고 정성스럽게 말씀해 주신다. 결코 남의 눈치를 보는 것이 아니라 아빠 본인의 가치도 높일 뿐만 아니라 듣는 사람을 기분 좋고, 감사하게 만들어 주기 위해서다. 그래서 항상 뭔가를 더 물어보고 싶어져 우리는 아빠와 기본 2~3시간씩 대화한다. 우리가 물어보면 세상 누구보다도 이해하기 쉽게 설명을 해 주신다. 또 아빠는 모르는 것도 최대한 의견을 말씀해 주신다. 그럴 때마다 아빠는 정말 대단하다는 생각을 한다. 친구들에게 그런 얘기를 하면 우리 아빠와 대화를 해 보고 싶다고 해서 기분이 좋았다.

  아빠는 테니스라는 하나의 운동이자 습관을 무척이나 소중하게 생각하고 그로 인해 얻은 것이 많다고 하셨다. 무언가를 20년 넘도록 꾸준히 하는 것은 정말 어려운 일이라고 생각한다. 테니스 일기를 읽으며 나도 직장 생활을 하면서 이렇게 꾸준히 할 수 있는 무언가를 찾고, 그것을 통해 배우고 성장하고 싶다는 생각을 했다. 무엇이 될지는 모르겠지만 이것저것 여러 가지를 해 보면 느끼는 것이 있을 것이다.

  100일 동안 하기 싫을 때도 있었겠지만 그래도 책임감으로 끝까지 해냈고 그로 인해 기대했던 것보다 훨씬 좋은 결과를 얻은 아빠와 동생, 그리고 그 모습을 지켜보고 아빠가 써 주시는 테니스 일기를 읽으며 엄마와 나에게도 하루하루 긍정 바이러스가 흘러넘쳐 날마다 즐겁고 행복했다. 세상 어느 아버지와 아들이 100일 동안 이나 운동을 함께 할까? 그리고 그것을 날마다 글로 쓰는 사람이 누가 있을까? 아빠와 동생은 100일간 다이어트를 하며 서로에게 도 감동하고 스스로에게도 감동했다. 스스로에게 감동한다는 것… 이것은 항상 주체적으로 살고 목표 의식을 가지고 사는 사람들에 게는 흔할 일일 수도 있지만 다른 사람들에게는 참 어려운 일인 것 같다. 나도 나 자신에게 감동할 수 있도록 모든 것에 목표 의식과 자부심을 가지고 재미있고 멋지게 살고 싶다.

동생은 미션을 통해 자존감을 키웠고 자격증도 캐드와 목공, 도 장까지 무려 3개를 취득했고 운전면허증까지 땄다. 고3 학생이 이 렇게 하기 쉽지 않을 것이다. 게다가 졸업도 하지 않은 학생이 군 대를 지원한다는 것은 석현이가 보통사람보다 생각이 깊고 넓다는 얘기다. 석현이의 인생은 걱정하지 않아도 될 것 같다. 동생이지만 정말 대단하다.

100일 미션은 석현이와 아빠뿐만 아니라, 우리 가족 전체에게 엄청난 보물이 되었다. 어려서부터 느꼈지만, 우리 집은 참 행복한 가정이라고 생각한다. 우리 집은 천국이다.

정말 감사하다.

2018년 12월 14일

## 엄마 감상문
### 세상에 딱 한 사람!

'세상에 딱 한 사람!'
이런 글을 쓸 수 있어서 정말 감사하다.

결혼한 지 20년이 넘었다. 지금 생각해도 나는 참 결혼을 잘한 것 같다.
고3인 아들과 공무원인 아버지가 100일 동안 매일 함께 한다는 것은 정말 어려운 일이다. 미션을 수행하는 동안 아들과 딸, 아빠와 엄마, 떨어져 살고 있지만 글로 공유하며 즐거운 시간을 보냈다. 매일 감사 일기를 통해 용기와 희망도 주었다. 아들의 새로운 면을 발견할 수 있었고, 더욱더 행복한 가정이라는 것을 발견하게 되었던 소중한 시간이었다.

아빠가 아침마다 아들과 함께 테니스를 하며 아들에게 맞추어 주고, 선생님도 되었다, 부모님도 되었다, 친구도 되었다, 코치도 되었다가 여러 가지 역할을 하는 것을 볼 수 있었다. 하루도 빠지지 않고 테니스를 하고 바쁜 시간을 내서 의식 일기를 쓰고 가족들에게 보내 준 것도 아무나 할 수 있는 일이 아니다.

내 남편이라 그런 것이 아니라, '세상에 어디에 내놓아도 칭찬할 만한 사람이고 부끄러움 없는 대단한 사람이다'고 자랑하고 엄지 척해 주고 싶은 사람이다. '세상에 딱 한 사람!'

처음에는 일기를 읽으며 '아들을 위해 고생하네? 나라면 못할 텐데 대단하네?' 뭐 이 정도였다. 그런데 시간이 지날수록 '어느 집 가장이 운동선수도, 글 쓰는 작가도 아닌데, 자기 아들을 위해 이런 헌신과 노력을 할 것인가? 이런 아버지들이 과연 몇 명이나 있을까?'라고 느껴졌다. 늦게 들어온 다음 날도 피곤하고 힘들 텐데, 아들을 위해 과감히 기분 좋게 일어나는 아빠, 오로지 아들을 위해서 말이다. 세상에 아무도 없을 것이다.

아침마다 미션 수행하고 땀 흘리며 들어오는 부자의 모습을 보면 너무 예쁘고, 서로 하는 행동 하나하나를 보기만 해도 너무 재미있어서 사람들에게 자랑하고 싶었다.

미션 100일째 되는 아침에 둘이서 팬티만 입고 서로에게 "네가 먼저 올라가 봐, 아빠가 먼저 올라가 봐요"라고 하면서 미션 성공을 확인하고는 "와~" 하면서 서로 부둥켜안고 소리를 질렀다.

드디어…… 드디어…….

세상에 어떤 부자가 100일 동안 하루도 빠지지 않고 함께 운동하는 사람이 있을까! 게다가 그것을 날마다 글로 써 가족들에게 보내 주는 사람이 있을까! 아빠의 그 노력이 우리 가정을 천국으로 만들어 주었다.

아들은 이번 미션 성공을 계기로 자존감과 자신감이 높아졌다. 아빠와 소중한 추억을 만들었고, 이번 경험이 아들의 크나큰 재산이 되었을 것이다. 욕심도 생겨서, 캐드, 목공, 도장까지 자격증도 취득했고, 운전면허증까지 딸 수 있는 용기도 갖게 되었다. 다른 아이들 같으면 군대에 가기 싫어하고 두려워할 텐데 우리 아들은 아직 졸업도 하지 않은 학생이면서 국방 의무를 먼저 하겠다고 군대를 지원했다. 얼마나 대단한 일인가!
앞으로도 아들은 그 어떤 어려움이 있을지라도 용기 있게, 지혜롭게, 가볍게 헤쳐 나갈 수 있을 것이라는 믿음이 간다.

우리 아들의 100일 미션은 아들뿐만 아니라, 우리 가족 전체가 서로의 마음을 알고 신뢰할 수 있는 크나큰 계기가 되었고, 우리 가족이 세상에서 가장 행복한 가정이라는 것도 깨닫게 되었다.
정말 감사하다.

2018년 12월 14일

자녀 자존감 키워주기
**100일 미션**

미션 임파서블

chapter 02

# 인내의 시간들 그리고 사랑

## 모든 문제에는 답이 있다.
## 사랑에도 전략이 필요하다

  2018년 6월 10일, 아르바이트하고 돌아온 아들과 새벽 1시부터 4시까지 많은 대화를 했다. 살을 빼고 싶은데 편의점 아르바이트를 하면서 간식을 자주 먹어 힘들다며 어떻게 해야 할지 모르겠다고 했다. 나에게 도움을 요청하고 있다는 것을 알면서도 간절함을 더 끌어내기 위해 의도적으로 30분 이상 대화를 끌었다. 그러다가 마지못해 도와주는 것처럼 제안했다. 사랑은 동사다. 행복은 저절로 느껴지는 것이 아니다. 어떻게 하면 행복하게 되는지를 그려 놓고 실천해야 행복해진다. 연인이나 친구는 물론 가족도 마찬가지다. 모든 문제에는 답이 있다. 답은 실천이다.

"석현아~ 이렇게 하면 어떻겠니?"

"어떻게요?"

"할 수 있을지는 모르겠지만, 아빠와 같이 하면 어떨까?"

"아빠~ 진짜 같이 해 주실래요?"

나의 의도는 적중했다. 아들은 정말 좋아했다.

"그래. 한번 같이 해 보자."

"아빠~ 고마워요."

그때 아들의 몸무게는 82.8kg, 나는 65.8kg이었다.

100일 동안 아들은 70kg까지, 나는 60kg까지 빼기로 했다.

"그러면 오늘이 6월 10일이니까 9월 17일까지 하자."

그냥 하면 재미도 없고 간절하지 않으니까 내기하자고 하면서 손가락으로 동그라미 표시를 하며 보여 주었다.

"돈 내기요?"

"당연하지!"라고 장난기 섞인 투로 말했다.

"얼마요?"

"얼마 했으면 좋겠니?"

"20만 원?"

"으~응."

"30만 원?"

"으~응 좀 더 써라?"라고 나는 계속 농담조로 말했다.

"100만 원이요?"라고 아들은 놀란 듯이 말했다.

"금액이 많을수록 성공 확률은 더 높겠지만… 네가 지금 아르바이트해서 한 달에 45만 원 정도 받으니까 50만 원으로 하면 어떨까?"

아들은 조금 생각하는 듯하더니 "좋아요"라고 했다.

아들은 스스로 자존감이 낮다고 생각하는 아이다. 나는 아들과 대화를 할 때 질문형으로 하는 편이다. 스스로 결정하도록 하여 책임감을 심어 주고, 대화를 끌어내기 위한 방법이다.

"그런데 아빠~ 좀 불공평하지 않아요?"

"뭐가?"

"나는 13kg나 빼야 하는데 아빠는 6kg만 빼면 되잖아요."

나는 조금 생각하는 척하다가 말했다.

"너는 전에도 다이어트를 한 적이 있지?"

"네."

"너 그때 몇 kg 뺐니?"

"10kg요."

"그때 얼마나 걸렸니?"

"그때도 약 100일 정도 걸렸어요."

"그래? 석현아~ 지금 아빠가 운동을 많이 하니, 아니면 네가 많이 하니?"

"아빠요."

"그럼 네가 음식을 많이 먹니, 아빠가 많이 먹니?"

"저요."

"네가 아는 것처럼 아빠는 너보다도, 아니 다른 사람들보다도 음식도 적게 먹고 운동도 많이 하는데 아빠가 지금 살이 빠져야 하니, 쪄야 하니?"

"당연히 빠져야죠?"

"그런데 너도 알다시피 아빠는 몇 년 전부터 눈에 보이지 않게 서서히 살이 찌더라? 아빠는 평소에 남들이 하는 다이어트 수준 이상으로 음식도 절제하고 운동도 많이 하는데 말이야… 아마 네가 아빠처럼 했으면 나보다 더 날씬할걸? 아빠는 나이가 많아서 그렇게 많은 노력을 하는데도 살이 빠지지 않고 오히려 찌는 거야. 그런데 여기서 살을 빼려면 얼마나 더 적게 먹고 얼마나 더 운동을 많이 해야겠니? 너는 젊으니까 찌기도, 빼기도 아빠보다 훨씬 더 쉬울 거야. 그렇지 않니? 그래도 불공평하다고 생각하니?"

"아빠 말씀이 맞네요. 좋아요."

아들은 내가 설명하면 바로 인정할 줄 아는 용기가 있다.

우리가 모두 성공하면 내가 우리 가족 모두에게 한턱내고 모두 실패하면 그때 가서 생각하기로 하고 우리의 미션은 시작되었다.

"그럼 어떤 것을 할래?"

"아침마다 산에 가요."

"좋아. 그럼 지금 새벽 4시니까 오늘 아침부터 하자."

"네. 좋아요."

"그럼 네가 항상 아빠를 깨워라."

시켜서 하면 하기 싫어할 것이고, 스스로 결정하고 나에게 도움을 받고 있다는 감사의 마음을 느끼도록 해서 포기하지 않도록 하기 위한 전략이었다. 나는 가족에게 가장 친하고 소중한 사람들에게 가장 연기를 잘해야 한다고 말하고 그렇게 하고 있다. 특히 아들에게는 최대한 감정을 숨기고 아들이 발전할 수 있도록 말하고 행동하는 편이다.

그렇게 해서 우리는 산에 다니기 시작했다.

대한민국에서 고3인 아들과 아버지가 매일 일정 시간을 같이 한다는 것이 상상할 수 있는 일일까? 특히 말수가 적고 무뚝뚝한 아들과 매일 1시간 이상을 같이 한다는 것은 영원히 불가능한 일일 것이다.

위기는 기회다. 아들의 위기가 부자간에 매일 같이할 수 있는 기회를 준 것이다. 그것도 최소 100일 동안은….

처음 운동을 시작했을 때는 아들 하는 것이 나의 기대치에 미치지 못했다. 자기가 원했기 때문에 더 열심히 해야 하는데 그렇지 않았다. 조금만 하면 힘들어하고 억지로 하는 것 같았다. 그래서 아들이 먼저 하면 따라 하고 원하는 것만 해 주겠다고 전략을 바꿨다. 사랑에도 전략이 필요하다.

운동 3일째, 아들이 제안했다.

"아빠~ 테니스 하고 싶어요."

중학생 때 며칠 하다가 안 해서 무척 서운했는데 다시 테니스를 하자고 해 매우 기분 좋았다. 간절함을 키워 주기 위해 바로 시작하지 않고 미션 6일째부터 테니스를 하게 되었다. 아들은 몸이 뚱뚱해서 조금만 운동을 하면 땀을 무척 많이 흘리고 힘들어했다. 끈기나 인내심도 별로 없고, 도전도 싫어하는 편이다. 아들이 정신과

육체가 건강한 사람으로 살았으면 하는 마음이 항상 있었지만, 강요하면 오히려 반발할 것 같아 오랜 시간 기다렸던 터라 테니스를 다시 하게 된 것이 더욱더 반가웠다. 아침 운동을 하며 많은 대화를 나누고 친해지면서 아들이 먼저 제안을 했다. 실패 위험 부담을 가지고 기다린 보람이 있었다.

## 첫 데이트는 항상 설렌다

운동을 시작한 지 6일째.

요즘 젊은이들에게 테니스는 정말 배우기 힘든 운동이다.

하지만 꾸준히 노력해서 어느 정도 재미를 붙이게 되면 세상을 살아가는 데 가장 소중한 보물이 될 수 있다. 나의 경우 인생에서 가장 잘한 선택 중 하나가 테니스다. 23년 전에 하고 싶어서 한 것이 아니라, 주위에서 자주 권하여 계속 거절할 수 없어 시작했는데 내 운명을 바꿔 주는 계기가 되었다. 아들은 나보다 훨씬 불리한 조건에서 시작하는 것이라 고도의 전략과 전술로 발전시켜야 한다. 자신감을 키워 주기 위해 적절하게 칭찬을 해 줘야 한다. 과도한 칭찬은 자만심을 키울 수 있으니 조심해야 한다. 테니스 실력과 함께 태도와 인성까지도 기분 좋게 배울 수 있도록 잘 리드해야 한다. 날마다 발전해 가는 자신의 모습을 통해 성취감을 느끼고, 최고의 재미를 느낄 수 있도록 해야 한다.

나는 알람을 아침 6시에 맞춰 놨는데 아들이 아침 5시 55분에 깨워 줬다.

"아직 6시 안 됐는데?"

"55분이에요."

"아 그래?"

약속 시간보다 일찍 일어난 아들이 대견했다.

테니스를 하게 되면 근력 운동을 할 수 없기 때문에 집에서 하고 가기로 했다. 15분 정도 근력 운동을 하고 코트에서 30분 정도 테니스를 했다.

차를 타고 가면서 코트 사용법과 예의에 대해 알려 주었다. 몇 년 만에 처음 하는 것이라 걱정되었지만, 중학생 때 몇 번 해 본 적이 있어 그런지 그런대로 잘했다. 서로가 생각한 것 이상이라고 생각했기 때문에 놀라며 좋아했다. 아들은 정말 열심히 했다. 땀을 뻘뻘 흘리면서도 좋아서 웃는 모습에 나는 정말 기분 좋았다. 이렇게만 한다면 금방 게임도 할 수 있을 것 같다. 아들과 함께 게임을 하는 상상을 하니까 너무 좋다. 최고로 멋진 연인과 첫 데이트를 한 것보다도 설렌다.

내일은 더 재미있을 것이다.

## 흔들리지 않고 피는 꽃은 없다

눈을 떠 보니까 5시 40분이었다. 아들을 깨웠더니 바로 일어났다. 어제 잘했기 때문에 나의 기대치가 높아졌다. 코트에 도착해서 운동장을 도는데 3바퀴 돌고는 골반이 아프다며 힘들어했다. 내색은 안 했지만 걱정은 10%, 실망은 30%…. 2바퀴를 걸어서 더 돌고 시작했다. 오늘은 더 잘할 것이라 생각하고 조금 더 어려운 것을 시켜 보았다. 역시 기대치가 높았다. 실수하는 자신을 보고 아들의 얼굴이 굳어졌다.

"석현아~ 어렵지?"

"네…."

자신감 없는 목소리에 무척 불안했다.

"처음엔 다 그런 거야. 그래도 너는 다른 사람들보다 훨씬 잘하고 있어."

아직 10대여서 그런지 정말로 성인들보다 훨씬 더 잘하는 편이다. 사기를 잃지 않도록 해 주기 위해 칭찬을 했지만 아들은 도전하지 않았다.

'어떻게 해야 하지? 너무 어렵나? 그렇다고 쉬운 것만 계속하면 싫증내지 않을까? 진도를 뒤로 돌릴 수도 없고… 그래도 반복하면 더 좋아지겠지?' 많은 생각을 했다. 다행히 계속하니까 좀 나아졌다. 끝나고 오는 도중에 오늘 재밌었냐고 물었더니 재밌었다고 해서 다행이었다. 처음 시작할 때 일요일에는 산에 가자고 했는데 오늘은 테니스를 매일 하자고 해서 기분이 좋았다.

어떻게 해야 할까 고민했다. '쉬운 것만 가르치면서 자신감이 생기도록 하는 것이 좋을까? 아니면 테니스도 인생도 쉬운 것만 할 수 없다는 것을 알려 주기 위해서라도 어려운 기술을 가르쳐야 할까?' 고민했지만 답이 안 나왔다. 기대치가 높으면 실망이 크다. 그러나 기대치가 없으면 발전도 없다. 어떤 선택을 할 것인가가 제일 중요하다. 나도 아들도 어떻게 해야 할지 잘 모른다. 실수해 가며 발전하는 것이다. 흔들리지 않고 피는 꽃은 없다.

우리는 현명한 선택을 할 것이라고 믿는다.

## 슬럼프는
## 하루아침에 극복되지 않는다

 코트에 도착해서 운동장을 도는데 아들이 골반이 아프다며 빠른 걸음으로 걷자고 했다. '내 기분이 왜 이러지?'라고 생각하면서도 한편으로는 골반이 아프다는 아들이 안타깝기도 했다. 오늘은 더 잘할 것이라고 생각하고 어제와 똑같이 했으나 실력은 어제와 비슷했다. 그래도 계속 "오~우 잘했어"라고 해 주었으나 목소리는 첫날과 달랐다. 아들도 아는 느낌이었다. 실수할 때 짓는 실망스러운 표정. 안타까웠다.

 "어렵지?"

 "네…."

 여전히 자신감 없는 목소리였다.

 슬럼프는 하루아침에 극복되지 않는다. 어려운 것을 극복해야 성취감이 크다. 인내심을 갖고 여러 가지를 시도하며 방법을 찾아야 한다. 아들이 실망했다고 나까지 실망해서는 안 된다. 그것이 당연하다는 듯 말하고는 열심히 하면 금방 좋아질 것이라고 했다.

가르친다는 것은 정말 어려운 일이다. 하기 싫어하는 사람은 더 어렵다. 가르치는 것이 어려운 것이 아니라 재밌게 좋아할 수 있도록 가르치는 것이 어렵다. 재능도 부족하면서 의욕도 없는 사람을 가르치려면 엄청난 인내와 배려, 리더십이 필요하다. 몸 상태도 마음도 항상 변한다는 것을 알기 때문에 인내심을 가지고 당근과 채찍을 적절히 활용해 아들이 훌륭한 테니스 마니아가 되고, 인생을 멋지게 살아갈 수 있도록 반드시 해낼 것이다. 아들이 제안해 시작했으나, 아들만을 위해서가 아니라 나 자신의 능력과 역량을 시험하고 소중한 우리 가족의 행복을 위해 꼭 해야 하는 나와의 약속이다.

내일은 더 잘할 것이다.

chapter 02. 인내의 시간들 그리고 사랑                                    59

## 이 또한 지나가리라

재미없었다.

오늘은 아들이 너무 하기 싫은 것처럼 건성으로 했다. 중간에 포기해 버릴까 봐 걱정돼서 야단칠 수도 없었다. 1시간 동안 하면서 수많은 생각을 했다. '그렇게 할 거면 때려치워!'라고 말할까도 생각했지만 그렇게 하지 않았다. 아니 하지 못했다. 나의 가장 소중한 보물인 아들이 테니스에 재미를 붙이고 열심히 해서 인생을 더 성실히 살기를 간절히 바라기 때문이다. 열심히 하지 않아 계속 기분이 안 좋았으나 순간순간 잘했다고 칭찬도 해 주었지만 아들은 계속 똑같았다. 내 노력이 아무 효과가 없어 기분이 나빴으나 참고 계속하다가 아들도 알아야 할 것 같아 중간에 "하기 싫냐?"라고 물었다. 사실은 내가 하기 싫다는 얘기였다. 싫다고 할까 봐 매우 걱정했는데 다행히 아니라고 말해 줬다. 끝까지 열심히 하지 않아 내가 기분이 안 좋다는 것을 알려 주기 위해 시간이 조금 남았는데도 일부러 그만하자고 했더니 다행히 아들은 5분 남았다며 조금 더 열심히 했다.

아들도 알아야 한다는 생각에 끝나고 말했다. 충격요법이다.

"네가 열심히 안 하니까 내가 재미도 없었고 기분도 안 좋았다? 나도 아빠이기 이전에 한 인간이기 때문에 상대가 좋아하고 열심히 하면 나도 좋고 더 열심히 해 주고 싶은데, 그렇지 않으면 기분이 안 좋다? 내 기분 알겠니?"

아들이 "네"라고 해서 다행이었다. 오늘 연습하면서 내가 기분이 안 좋은 걸 알았냐고 물었더니 몰랐다고 해서 서운했다. 아들은 공이 잘 안 맞으니까 짜증났다고 했다. 아들이 포기하지 않기를 간절히 바라면서, 테니스는 정말 어려운 운동이고 누구나 다 어려워한다고 했다.

아들이 오늘 열심히 하지 않은 것을 인정하고 내가 기분 나쁜 것도 이해하고, 짜증나더라도 열심히 해야 한다는 것을 알아서 다행이다. 운동은 재미없었지만, 그것을 계기로 많은 것을 생각하고 배울 수 있어서 좋다.

내일은 더 재미있을 것이다.

## 시키면 기분 나쁘지만
## 원하는 것을 주면 모두 행복하다

아들이 깨워 줬다.

힘들었지만 아들과 약속 때문에 일어날 수 있었다. 그동안 하루도 쉬지 않고 했기 때문에 나도 아들도 지쳐 있었다.

오늘은 웬일인지 아들이 먼저 하자고 제안했다. 스스로 생각하고 제안한 것은 그만큼 욕심이 생겼다는 것이고, 더 발전할 수 있다는 얘기다. 그것은 내가 진정 바라는 것이다. 아들은 어제보다 훨씬 더 열심히 재미있게 했다. 끝나고 점수를 물었더니 70점이라고 했다. 좋은 점수냐고 물었더니 생각보다는 잘 되었다고 말했다. 이것이 명답인 것 같다. 가르치기보다는 요구하도록 해야 훨씬 더 열성적으로 하고, 더 재밌어한다.

답은 알았는데 어떻게 요구하도록 하는가가 숙제다. 그것이 더 어렵다. 그러나 계속 생각하고 시도하면 분명히 더 좋아질 것이다. 아들이 조금씩 좋은 방향으로 발전해 가서 너무 좋다. 강요하면 기분 나쁘지만 원하는 것을 주면 받는 사람도, 주는 사람도 행복하다. 쉬는 시간은 낭비가 아니라 충전하고 갈망하는 시간이 되어 오늘 1시간의 가치를 10배 더 크게 만들었다. 기대치를 낮추니까 만족도는 커졌다.

## 스스로 선택하면 책임진다

친구들과 모임이 있어서 서울에 가기로 되어 있었다.
아침에 8시에 출발해야 해서 며칠 전에 토요일과 일요일은 테니스를 못 할 것 같다고 아들에게 말했었는데 아침에 일찍 일어나서 하고 가도 될 것 같아 금요일 저녁에 아들에게 물어봤더니 하고 싶다고 해서 테니스를 할 수 있었다. 늦게까지 일을 하고도 아침 6시에 깨워 준 아들이 대단하다.

아들이 좋아하는 것을 하며 자신도 모르는 사이에 자신감이 습관화되도록 하는 것이 나의 더 큰 미션이다. 끌고 가지 않고 아들이 결정하고 요구하도록 해서 자기의 결정에 대한 책임감을 갖도록 하고, 다른 사람을 좋은 방향으로 이끄는 습관을 길러 주고 싶다. 스스로 결정하고 선택하면 성취감도 크고 포기도 잘 하지 않는다. 내가 요구하지 않고 아들의 욕구를 자극해서 발전시키는 전략으로 나가기로 했다.

테니스를 조금 하더니 아들이 팔이 아파 못하겠다고 해서 안타까웠다. 대신 아들이 던져 주면 내가 칠 수 있었고, 땀을 많이 흘릴 수 있었다. 다음부터는 나도 조금 치기로 했다. 아들은 못 했지만, 내가 대신하는 기회가 되었고 앞으로 우리가 어떻게 하는 것이 좋은지 방법을 알게 되어 좋다.

## 행운은 기대하지 않을 때보다
## 열심히 하면서 기다릴 때 더 크게 온다

    서울 친구들과 모임이 있어 아침에 할 수 없었는데 일찍 내려와 아들에게 오후에 하겠냐고 물었더니 하겠다고 해서 좋았다. 스스로 결정을 하도록 하기 위해서 "하자"고 하지 않고, "하겠냐"고 물었던 것이다.

    아들은 더운데도 다른 사람들이 없을 때 일찍 가기를 원했다. 더울수록 땀을 많이 흘릴 수 있고, 살을 태울 수 있기 때문에 더 좋다고 했다. 그러나 나는 아들이 사람들과 만나는 것에 익숙해지도록 하기 위해 덥다는 핑계로 다른 사람들이 많이 오는 오후 4시에 가자고 했다. 아들은 자기가 결정했기 때문에 그렇게 하겠다고 했다. 아들은 일요일 오후에 제일 잘되어 무척 좋아했고 자신을 대견하게 생각했다.

삶도 투입한 시간과 노력만큼 안 되는 경우도 많지만, 성과가 큰 경우도 있다. 그것이 언제일지는 아무도 모른다. 포기하지 않고 최선을 다하며 결과보다 과정에서 자신에게 믿음과 희망을 주며 만족하고, 결과가 기대 이상으로 나올 경우에는 큰 행운이라고 생각하며 겸손하고 감사해야 한다.

아들은 오늘 생각보다 잘된다고 생각했는지 한 단계 어려운 것을 하자고 먼저 제안했다. 그렇게 말해 주기를 간절히 바랐는데, 그 시간이 생각보다 빨리 와서 너무 좋았다.
"잘~했다. 잘해~! 오~우! 굿굿굿!"
내 감정의 저항 없이 느낌대로 표현하니까 속도 후련했다. 한참을 하고 중간에 힘드냐고 물었더니 아들은 "아니요"라고 했다. 아들은 그 후에도 더 열심히 하며 재밌어했다. 아들이 시계를 보고 많이 했다며 그만하자고 했다. 바로 그만둘 수도 있었지만 오늘 정말 잘했다는 것을 행동으로 알려주기 위해 10개만 더 하자고 했다.

'솔직하게 말하고 행동하는 것이 좋은가? 아니면 거짓말을 해야 좋은가? 아들이 못할 때 못했다고 지적하거나, 잘했을 때만 잘했다고 말할 때, 못했을 때도 잘했다고, 잘했을 때 잘했다고 말할 때' 솔직히 아들이 하는 것 중에 감탄할 거리는 하루에 1~2번이지만 나는 10번 정도 칭찬한다.

다른 사람을 내가 원하는 대로 스스로 성장하도록 하는 것은 힘든 일이다. 정말로 많은 생각을 하며 끈기를 가지고 해야 한다. 내가 선택한 방법이 조금씩 맞아 가는 것 같아 기분이 좋다. 나는 내 인생의 시나리오를 매 순간 쓰면서 배우들이 그렇게 해 주기를 바란다. 내가 쓴 시나리오대로 연기해 주면 정말로 기분이 좋다.

내일은 더 즐겁게, 더 잘할 수 있을 것이다.

## 재능보다 욕심을 자극하라

어제저녁, 아들에게 내일 테니스를 할 거냐고 의도적으로 물었다. 아들은 머뭇거리지 않고 바로 "네. 할 거예요. 아빠~ 내일은 5시 40분에 일어날까요?"라고 해서 기분이 정말 좋았다. 아들은 내 마음을 모르겠지만, 내가 의도한 방향으로 발전해 가기 때문이다. 아침에 날이 밝자마자 눈이 떠졌다. 바로 일어나 아들을 깨울까도 생각했지만 참았다. 다행히 조금 있으니까 아들이 일어난 기척이 있었다. 나는 아들이 부르는 소리를 듣고 잠든 척하고 있다가 2번 부르니까 일어났다. 작전 성공이다. 아들은 나를 깨웠기 때문에 열심히 해야 한다는 책임감이 생겼을 것이다.

가는 도중에 아들이 "아빠~ 내일부터 장마가 시작된대요"라고 안타까워해 기분이 좋았다. 비가 오면 테니스를 못 한다는 말이고 테니스를 더 하고 싶다는 말이기 때문이다. 코트에 도착해 코트를 돌 거냐고 물었더니 그러자고 했다. 몇 바퀴 돌 것인가는 스스로 결정하도록 묻지 않았다. 최소 3바퀴는 돌 줄 알았는데 아들은 2바퀴만 돌고 멈췄다. 그래도 다행이었다. 돌지 않겠다고 하면 실망했겠지만, 나는 아들이 하자는 대로 할 생각이었다.

어제와 다르게 아들은 내가 생각했던 것보다도 조금 늦게까지 공을 치고 나서 다음 단계를 하자고 했다. 아들이 어제 잘되어 욕심이 생겼는지 공치는 것이 어제보다 못했다. 테니스 하는 사람들이 실수했을 때 주로 하는 말이 "너무 좋았어"라는 말이다. 좋은 것이 좋은 것만은 아니라는 얘기다. 좋을수록 더 겸손하고 신중해야 한다는 말이다.

한참 치다가 아들이 시계를 보고는 7시라고 했다. 그 말은 그만하자는 뜻이다. 바로 그만둘 수도 있었지만 몇 개만 더 하자고 욕심을 자극했다. 내 생각대로 아들은 마지막 10개를 정말로 신나게 쳤다. 재능보다도 좋아하는 욕심이 사람을 더 성장시킬 때가 있다.

내일은 더 즐겁고 더 잘할 수 있을 것이다.

## 가장 최선을 다해야 하는 것은
## 가장 소중한 것을 위해서다

어제저녁에도 아들에게 내일 테니스 할 거냐고 물었다.

당연히 좋아하며 하겠다고 하기를 기대했는데, 아들은 "내일 아침에 비가 올 것 같아요"라고 했다. '아들이 하기 싫은 것 같구나'라는 생각이 들었다. 그래도 하기를 바라는 마음에서 "비가 안 올 수도 있잖아?"라고 했다. 내 의도를 알았는지 아들은 "그럼 가요"라고 했다. 그래서 또 "아침에 깨워줘~"라고 했다. 1시까지 일하기 때문에 피곤할 것이라는 것을 알지만, 욕심과 책임감을 자극하기 위한 의도였다. 알람이 울렸을 때 나는 일어났지만, 아들은 일어나지 않았다. '어떻게 하지? 조금만 더 기다려 보자'라고 생각하고 기다리는데도 나를 깨우지 않았다. '더 기다려야 하나, 내가 먼저 일어나 아들을 깨워야 하나' 한참 고민했다. 내가 깨워 주면 아들이 억지로 하는 것이 되어 자율성을 키워 주고 싶은 나의 의도와 다르게 된다. 하지만 내가 깨워 주지 않아 아들이 늦잠을 자게 되면 우리의 공동 약속을 어기게 되어 스스로 실망할 것이다. 또 그것이 반복되면 앞으로도 일어나기 싫을 때는 아무런 죄책감 없이 지나가 버릴 것이다. '어떤 선택이 더 중요한가? 아들은 해야 한다는 것도, 하고 싶어도 피곤하기 때문에 못 하고 있다'고 생각했다. 아들에게 자율성을 키워 주는 것은 앞으로도 여러 기회가 있을 것이라 생각해서 조금 늦었지만 일어나 아들을 깨웠다. 내 판단이 맞았다. 방문을 두드리며 아들을 불렀더니 이미 일어나 있었다. 깨긴 했는데 자리를 박차고 나올 의지가 부족했던 것이다. 일어나지 않았다면 나는 실망했을 것이다. 첫째는 고민하며 한 나의 선택이 틀렸다는 실망감이 컸을 것이다. 둘째는 아들이 테니스를 하고 싶어 하는 욕심이 별로 없고, 의지력도 약하다는 말이 된다. 셋째는 아들이 자기 말에 대한 책임감이 없다는 얘기다. 넷째는 아들이 한두 번 안 하다 보면 앞으로 영원히 테니스를 포기해 버릴 수도 있다.

아들이 먼저 제안해 주기를 간절히 바라면서 기초 운동을 했다. 아들이 나와서 "아빠~ 테니스 갈 거예요?"라고 했다. 기분 좋았지만 내색하지 하지 않았다. 기분 좋은 표시를 하면 안 된다. 그것은 아들이 좋아서 하는 것이 아니라 내가 좋아하는 것을 아들이 어쩔 수 없이 하는 것이 되기 때문이다. 그래서 "네가 결정해라"라고 했다. 내 의도는 맞았다. 아들은 기분 좋은 목소리로 "그럼 운동 빨리하고 테니스 하러 가요"라고 했다. 나는 "그러자"라고 하며 아들이 선택한 것을 따른다는 투로 말했다. 내 작전은 성공했다. 가족이지만 내가 하고 싶은 대로 표현하면 안 된다. 가장 최선을 다해야 하는 것은 자기가 하고 싶은 것이 아니라, 자기에게 가장 소중한 것을 위해 해야 한다. 하고 싶은 것과 가장 소중한 것이 일치하는 경우는 기적이다. 가장 소중한 가족을 배려하는 방향으로 신중하게 생각하고 행동해야 한다.

기쁜 마음으로 코트에 갔다.

오늘은 다른 날보다 30분 정도 늦었기 때문에 어떻게 할 것인가 계속 고민했다. 아들은 달리기도 하지 않고 바로 시작했다. 아무 말 하지 않고 아들이 하는 대로 따라했다. 다행히 잘 맞았다. "잘했다, 잘했어, 굿굿!"을 외치며 잘할 때마다 칭찬해 주었다. 못할 때는 기죽지 않을 정도로 잘못된 부분만 알려 주었다. 10분 정도 친 후에 "오늘은 좀 잘하는데?"라고 했더니 자기도 좋아하며 그렇다고 했다.

"네가 생각하기에 얼마나 성공한 것 같냐? 한 70~80%?"

"에이~"

나는 조금 높여서 말했는데 아들은 겸연쩍은 듯이 말했다.

"그럼?"

"한 40%?"

나는 '그래?'라는 말 대신 고개만 끄덕였다. 아들이 다음 단계를 제안하기를 기다리며 계속 던져 주었는데 오늘은 다음 단계를 하자고 하지 않았다. 약간 서운했지만 시간이 없어 그럴 것이라 생각하고 한 가지만 계속하기로 마음먹었다. 중간에 손목이 아프다고 하면서도 포기하지 않고 계속했다. 아픈 것보다 하는 것이 더 재미있었기 때문일 것이다. 한 바구니를 모두 치고 아들은 7시라고 했다. 나는 아들에게 나도 조금 하겠다고 했다. 하고도 싶었지만, '소중한 시간을 오로지 너에게만 사용했다'는 것을 행동으로 알려 주기 위해서다. 조금 치고는 공을 주워 담으며 오늘 어땠냐고 물었더니 그런대로 잘 맞았고 재밌었다고 했다.

"왜 더 잘 맞았을까?"

"오랜만에 하니까 그런 것 같아요."

"아 그래? 석현아~ 우리가 살아가면서도 그런 것들이 참 많은 것 같더라? 배고플 때 처음 밥을 먹으면 정말 맛있는데 배가 부르면 아무리 맛있는 음식이라도 그 만족도는 점점 줄어들잖아? 그렇지 않니?"

"네, 그래요."

"성취와 성공도 그렇지만, 실패나 좌절, 슬픔도 처음 겪을 때는 도저히 감당하기 힘들 것 같아도 그것이 여러 번 반복되면 점점 줄어들지 않니?"

"네, 그런 것 같아요."

여기까지만 얘기했다. 아들은 내가 의도한 것을 알았을 것이다. 자신의 사소한 변화를 통해 지혜를 깨닫도록 하기 위해 말한 것이다. 그것도 '~이란다. ~것이다' 식의 주입식 명령식이 아니라, '~지 않니?'라고 질문형 공감 유도형으로 대화했다. 아들이 거부하지 않고 스스로 생각하며 자신이 인정하고 선택했다고 느끼도록 하기 위해서다.

"네가 며칠간 하지 않아서 몸도 조금 더 가볍고, 마음은 더 하고 싶었기 때문에 더 잘할 수 있었던 것 같아."

"네~"라고 해서 너무나 좋았다.

오늘도 만족스럽게 하루를 시작해서 가슴이 뿌듯했다.

자녀 자존감 키워주기
**100일 미션**

chapter 03

# 문제는
# 보물이었다

## 스스로 결정하면 최선을 다한다

쉬는 날은 불안하다.

학교도 직장도 쉬는데 우리의 미션은 쉬는 날이 없다. 아침에 9시가 넘어서도 아들이 일어나지 않아 속으로 '아들이 깨우지 않으면 오늘 하루 쉬어 버릴까?'라는 생각을 했다. 아들에게 실패감도 주고 죄책감도 느끼도록 할 필요가 있다고 생각했기 때문이다. 나도 쉬고 싶었지만, 가장 소중한 아들이 약속을 지킬 수 있도록 하고, 우리의 목표가 실패하지 않도록 하기 위해 게으른 나의 마음을 이겨 내고 일어나 아들을 깨웠다. 스스로 완벽할 수 없기 때문에 조금은 도움이 필요하다고 생각했다. 일부러 테니스 얘기는 하지 않았다.

내가 기초 운동을 하니까 아들도 따라 했다. 운동을 마치고 밖을 내다보며 "아빠~ 비 안 오는데 테니스 치러 갈까요?"라고 했다. 무덤덤하게 "그래!"라고만 했다. 아들 목소리도 하고 싶은 마음은 없지만, 해야 한다는 책임감으로, 또 내가 계속하기를 기대하고 있다는 것을 알기 때문에 어쩔 수 없이 하는 듯한 느낌이었다. 그것만으로도 다행이다.

어제 아들이 잘해서 오늘은 어떻게 될지 궁금했다. 아들이 어깨와 팔목이 아프다고 했다.

"라켓을 꽉 잡기 때문에 아픈 거야"라고 말했더니 "아~" 하면서 고개를 끄덕였다. 아프지 않게 하는 방법과 이유에 대해 설명해 주었더니 "그렇겠다"고 하며 연습했다.

오늘은 어제보다도 더 잘해 기분이 좋았다. "좋아, 좋아, 굿"을 하며 계속하는데 오늘은 왠지 어제와는 다른 느낌이 들었다. 무리하지 않고 자기가 생각하는 방향으로 공을 조심스럽게 친다는 느낌이 들어 물어보았다.

"오늘은 더 잘 맞는 것 같다?"

자기가 봐도 어제보다 잘하고 원하는 대로 된다고 생각하는 것 같았다. 스스로 한 단계 발전한 것이다. 시켜서가 아니라 스스로 한 것이라 무척 기분이 좋았으나 표현하지 않았다. 100번 넘도록 성공하다가 하나를 실수했을 때 아들의 얼굴이 완전히 찌그러졌다. "아~흐" 하며 정말 아깝다는 표정을 지었다. 그러나 그것은 기분 나쁜 표정이 아니었다. 정말 간절함이 들어 있는 안타까움이라는 것을 느낄 수 있었다.

"석현아~ 오늘 정말 잘했다. 잘했어!"

하나의 실수를 그렇게 안타까워한다는 것은 간절함이 있다는 얘기다. 아들이 오늘은 하나도 실수하지 않겠다는 목표를 세웠던 것이다. 스스로 결정하면 재밌고, 책임감도 커지고, 자존감도 커진다. 나의 역할은 스스로 결정할 수 있도록 들키지 않게 도와주는 것이다.

조금 하니까 빗방울이 떨어지기 시작했다.

"아빠~ 비 와요"

나는 아들이 그만하자고 할까 봐 걱정했다.

"그러네?"라고만 대답했다. 아들 스스로 결정하도록 하기 위해서다. 아들도 아무 말 하지 않고 계속했다. 30분 정도 치다가 아들이 먼저 다음 단계를 하자고 제안했다. "그래"라고 하고 다음 단계를 하려니까 오늘은 아들이 먼저, "아빠도 좀 치실래요?"라고 제안했다. "좋아"라고 하고 몇 개를 쳤다. 아들 스스로 선택하고 주도하도록 했던 것이 하나씩 성과로 나타나 기분이 좋았다. 다음 단계를 하는데 비가 더 많이 내리기 시작했다. 아들이 어떤 선택을 할지 궁금해하며 계속하는데 한참을 하더니 팔목이 아프다며 그만하자고 했다. 비를 핑계로 그만하자고 했으면 실망했을 텐데 팔목이 처음부터 아팠는데도 계속했고, 더 하면 안 될 것 같다는 판단으로 그만 하자고 했기 때문에 다행이었다.

아들은 자신을 칭찬하는 것처럼 열심히 공을 주워 담았다. 오늘 아들도 나도 성공했다. 아들의 작은 장점들을 끌어내고 발전시켜주는 것이 나의 기쁨이고 행복이다.

내일은 더 즐겁고 더 잘할 수 있을 것이다.

###  딸 이현지 감상문

오늘의 내용은 좋은 내용으로 가득 차 있어서 내 마음도 매우 편하고 좋다.ㅎ
나도 아빠의 생각처럼 석현이는 자기가 못할 거라고 생각하면 시도하지 않으려 하고 자기가 좋아하는 것은 더 잘하고 싶어 하는 마음이 강하기 때문에 처음에는 석현이를 잘 구슬리고 아주 조그마한 것에서도 칭찬을 많이 해 주는 것은 참 좋은 일이라고 생각했어. 그런 점들을 아빠가 잘 이끌어 주는 것 같아 되게 좋다고 생각하며 읽었어. 마지막에는 석현이의 작은 장점들을 이끌어 주고 발전시키는 것은 아빠의 기쁨이고 행복이라고 해서 내 기분도 참 좋았어.ㅎㅎ 뭔가 목표가 생기니까 같은 행동을 하는데도 마음가짐이 달라서인지 거의 3주째 아침 운동을 열심히 하니 기분도 좋고 성취감도 엄청날 것 같아.

석현이가 갈수록 올바른 방향으로 나가고 오히려 생각은 나보다 더 깊어지는 것 같아 뿌듯하고 아빠가 틀리지 않았다는 것이 점점 더 증명되는 것 같아서 좋다. 아빠의 가치가 더 더 올라간 느낌~?ㅎ

석현이가 또 불안해하고 걱정도 할 텐데 그럴 때에도 아빠가 조금만 도와주면 다시 잘 헤쳐 나갈 수 있을 거야.ㅎ

석현이가 요새 아빠와 시간을 많이 보내고, 대화하는 시간도 많은 것 같아 기분이 좋다.ㅎ

## 건강을 위해 운동한다고?
## 운동하기 위해 건강해야 해~

어제 아들이 감사 일기에 기분 좋은 내용을 썼다.

'내일 아침에 비가 안 올 것 같다. 30분이라도 테니스를 칠 수 있었으면 좋겠다'라는 내용이었으나 내색하지 않았다.

아침에 일어나 아들이 깨워 주기를 바라며 침대에 누워있는데 방문을 열고 들어왔다. "아빠~" 하고 불렀지만 나는 못 들은 척했다. 그러자 침대로 와서 나를 흔들어 깨웠다. 그제야 모른 척하고 일어났다. "아빠~ 5시 45분이에요." 기분이 참 좋았다. 이렇게 일찍 스스로 일어난 것은 정말로 테니스를 치고 싶다는 얘기다. 엊그제는 내가 아들을 깨우며 고민했었는데, 아들이 정말로 힘들고 하기 싫을 때 나 스스로 못할 때는 조금씩 도와줘야 한다는 것이 입증된 것이다.

아들은 배가 아프다며 화장실에 갔다. 느낌이 안 좋았다. 거실에서 운동하고 있으니까 아들도 운동을 했다. 나는 아프냐고 묻지 않았고, 아들도 아무 말 하지 않고 코트로 갔다. 아들 인상이 안 좋아 걱정도 되고, 못 하겠다고 할까 봐 불안했다. 하겠다고 하기를 바라며 "많이 아프냐? 어떻게 할래?"라고 물었다. 아들은 "괜찮아요. 할 게요"라고 해 줬다.

테니스를 시작하면서 "좋아, 굿, 좋았어, 잘했어"를 계속하는데 오늘은 어제보다 못한다는 생각이 들었다. 한참을 한 후에 아들이 혼잣말로 '왜 이리 안 맞지?'라고 했다. 배가 계속 아픈지 가끔 배를 만지고 인상을 찌푸리면서도 포기하지 않고 계속하는 것이 대견했다. 마음이 아팠지만 모른 척했다. 3/4 정도 치더니 아들이 말했다.

"이제 아빠 치실래요?"

매일 내가 조금씩 한 것을 보고는 나도 치고 싶어 한다는 것을 느꼈다는 것이다. 자식은 부모가 하는 것을 보고 배운다고 했다. "그래"라고 하고는 나머지를 열심히 쳤다. 다 치고 나니까 아들이 시계를 봤다. 아들은 아랫배가 쿡쿡 쑤신다며 그만하자고 했다.

"오메, 그래? 어쩌지?"라고 답이 없는, 단지 걱정된다는 공감을 해 주었다.

"오늘은 잘 안 맞는 것 같더라?"

"네, 오늘이 제일 안 맞았어요."

이해할 수 있었다. 무슨 말을 해 줘야 할지 고민했다.

"아니야~ 네 기분이 그런 거야. 어제보다는 못했지만 그래도 잘한 편이야."

집에 오면서 아들이 뭔가를 깨닫기를 바라며 말했다.

"석현아~ 배가 아파 많이 하지 못해서 아깝다이~ 사람들은 건강을 위해서 운동을 하잖아~ 아빠도 처음에는 건강을 위해 운동을 했거든? 그런데 아빠가 테니스를 해 보니까 아프면 내가 제일 좋아하는 테니스를 못 하게 돼서 정말로 아깝더라? 그래서 아빠는 깨달았단다. 건강을 위해 운동하는 것은 가장 기본적이고, 그보다도 더 중요한 것은 내가 제일 좋아하는 것을 하기 위해서는 항상 건강해야 한다는 것을… 너도 오늘 테니스를 정말 하고 싶었는데 배가 아프니까 하기도 싫어지고 훨씬 더 안 됐지? 너도 알았을 거야. 건강보다도 더 자기가 하고 싶은 것을 하기 위해서는 항상 건강해야 한다는 것을… 그렇지?"

"네. 그렇네요"라고 뭔가를 깨달은 듯 대답했다.

"석현아~ 테니스를 하면서 아빠는 인생을 많이 깨달았단다? 그 작은 공이 컨디션에 따라 완전히 달라지더라? 지금은 네가 배우는 단계이기 때문에 그래도 너의 컨디션만 조절하면 되는데, 더 잘하게 되면 너의 컨디션은 기본이고 파트너의 기분까지 봐 가며 해야 하더라. 그렇지 않겠니?"

"네, 그렇겠네요."

오늘 아들은 배가 아프고, 테니스가 잘 되지 않았지만, 하찮은 테니스도 아주 사소한 것으로 인해 큰 영향을 미칠 수 있다는 것을 깨달았을 것이다. 아들도 오늘 일로 새로운 것을 깨달았다는 희열을 느꼈으면 좋겠다. 아들은 긍정을 선택하는 능력이 탁월하기 때문에 이미 그렇게 했을 것이다. 아들이 현명한 선택을 하고 인생의 새로운 지혜를 깨닫도록 표시 나지 않게 끌어내는 것도 나의 기쁨이고 행복이다.

**딸 이현지 감상문**

아빠와 전화를 한 후 아빠 글을 다시 읽어 보았다.

아빠가 하는 행동 하나하나가 그냥 하는 것이 아니라 다 깊은 생각 후에 나온다는 게 느껴졌다. 날마다 하는 아빠와 동생의 운동 시간이 긴장의 연속이겠구나 생각했다. 물론 기분 좋은 긴장감인 것 같다.ㅎ 석현이의 감사 일기에서도 아빠를 생각하는 마음이 드러나는 것 같다. 그리고 아빠가 날마다 감사 일기를 쓰는 것도 물론 대단하지만 그걸 같이 해내는 동생이 정말 대단하고 대견하다. 점점 마음이 성숙해지는 게 느껴진다.

어제보다 아빠의 생각이 잘 드러난 것 같아 더 재미있었던 테니스 11일 후기였다.ㅎㅎ

 **엄마 김덕아 감상문**

매일 아침 일찍 일어나는 것도 피곤할 텐데….^^

더군다나 아들의 그날그날 심리 상태부터 인상착의, 행동 하나에서 열까지 모두 체크하며 신경 쓰고 있는 당신. 고생 참 많고 정말 고맙고 존경하고 대단합니다. 어느 누구도 이렇게 못할 거예요. 당신이니까 가능해요.

석현이가 자라며 아빠와 함께한 시간 중에 지금을 가장 소중하고 귀한 시간으로 추억 속에 남겨질 것 같아.

여보! 우리는 아들과 딸, 누구보다 잘 키우고 있으니 힘내고 행복하게 잘 살아요.

## 최고의 질문?
## 상대가 자신을 자랑스럽게 느끼며
## 말할 수 있는 질문이다

우와~ 이 기분! 뭐라 말할 수 없이 행복하다.

어제 아들 감사 일기에 기분 좋은 내용이 있었다. 선생님께서 지 게차 공부를 하자고 해서 감사하다고 썼다.

아들이 일찍 일어나 깨워 주기를 바랐지만 알람이 나를 깨웠다. 하기 싫어서가 아니라 지쳐서 못할 수 있다는 생각에 아들을 깨웠다. 아들은 기초 운동을 하고 옷을 입었다. 테니스를 하러 가자는 얘기다. 코트까지 가면서도 말이 없었고, 준비를 하면서 7시까지만 하자고 했다. 억지로 한다는 생각이 들어 기분이 안 좋았지만 무조건 아들 말에 동의했다.

그런데… "아빠~ 이제 저 멀리서 넘겨주세요"라고 했다.

전에는 3/4 정도 한 후에 했던 것을 오늘은 1/10 정도 하고 아들이 파격적으로 제안한 것이다. '조금 하다가 그만하자고 하면 어떻게 하지?' 걱정됐지만 내색하지 않았다. 시작할 때는 의욕이 없었는데 할수록 더 열심히 했다. 치고 나서 준비할 때도 정말 하고 싶어 하는 것처럼 끝까지 뛰어다녔다. 얼마나 열심히 했는지 한참을 하다가 숨을 헉헉거리며 힘들다고 했다. '정말 힘들다'는 말이 아니라 '좋고 재밌다'는 말이었다. "석현아~ 힘들지?"라고 공감해 주었다. 숨을 헐떡이며 말을 못하고 고개만 끄덕였다. 그렇게 한참을 한 후에 7시가 되었다고 말했다. 하기 싫으니 그만하자는 말이 아니었다. 더 하고 싶지만 가야 할 시간이 되었다는 말이었다. '바람 불 때 돛을 올려라'라고 했다. 이번에는 아들 말을 듣지 않고 내가 제안했다.

"석현아~ 3개만 더 할까?"

상기된 목소리로 말했더니 아들도 웃으며 "OK"라고 했다. 말하지 않아도 공감할 수 있는 이 기분!

오늘은 아들이 하나하나 실수할 때마다 '아~' 하면서 안타까워했다. 이것은 더 잘하고 싶다는 의지의 표시다. 그것을 알기 때문에 나는 더 열심히 했다. 사람들은 마지막을 소중하게 생각한다. 아들은 3개를 정~말 더 열심히 했다. 3개를 다하자 아들은 정말로 아쉬워했다. 나는 아들의 아쉬움을 채워주기 위해서 "석현아~ 진짜로 마지막 3개만 더할까?"라고 했더니 "네. 좋아요. 딱 3개만 더해요"라며 좋아했.

"석현아~ 오늘 정말 잘했다"고 큰 소리로 칭찬해 주었다.

아들도 기분이 좋았는지 공을 모을 때도 뛰어다녔다.


"석현아~ 앞에서 던져 줄 때와 멀리서 쳐 줄 때 중에서 어떤 것이 더 잘 되디?"

당연히 앞에서 던져 줄 때가 쉽다는 것을 알지만 스스로 생각하도록 하고, 다음 질문을 하기 위해 물었다.

"앞에서 하는 것이 더 쉽긴 한데…"라고 하고 잠시 머뭇거렸다.

"그래? 그런데?"

"멀리서 하면 더 어렵고 힘들지만 그래도 하나씩 맞혔을 때는 정~말 기분이 좋아요"라고 내 의도대로 아들은 답했다.

"오~ 고래? 네 말대로 쉬운 것보다는 어려운 것이 더 재미있지? 어렵지 않으면 재미가 더 없더라?"

"네."

"살아가면서 아빠는 어려운 일을 해냈을 때 훨씬 더 성취감이 크고 자존감도 높아지더라? 그래서 아빠는 어려운 일도 분명히 답이 있을 것이라고 믿고 뭐든 시작했단다. 그랬더니 대부분 이루어지는 거야. 설령 이루지 못하더라도 그 과정을 즐기고, 실패의 원인을 분석해서 다음에는 같은 실수를 하지 않으려고 더 준비하며 살았단다. 그랬더니 차츰 못하는 일은 줄어들고, 성과도 훨씬 더 크더라? 너도 느꼈을 거야. 네가 캐드 시험 준비하면서 처음에는 엄청 걱정을 했는데 그것을 합격했을 때 얼마나 기분이 좋았니? 너도 엄마도 누나도 나도 모두가 놀랐고 너무나 기분 좋았지?"

"네 그랬어요."

여기까지만 말했다. 아들도 내 의도를 알았을 것이다.

"석현아~ 아빠가 테니스 배울 때 다른 일을 많이 해서 피곤할 때도 있었지만 테니스를 막상 시작해서 집중하다 보면 피곤했던 것을 잊어버릴 때가 많았다?"

"맞아요. 나도 그럴 때가 많았어요. 테니스도 그렇고 다른 것도 그랬어요."

"오~ 그래? 그랬구나."

피곤하더라도 아들이 테니스를 계속하기를 바라는 마음에서 했는데, 역시 아들은 다른 아이들보다도 생각이 깊다.

기분이 좋으니까 차를 타고 오면서도 계속했다.

"석현아~ 너 지게차 시험 준비한다면서?"

"네. 학교에서 다음 학기부터 하자고 했어요."

"응? 지금부터가 아니고? 왜?"

"전에 할 사람 물어봤을 때 저는 캐드 공부해야 했기 때문에 안 한다고 했었거든요. 얼마 전에 다시 하려고 물어봤는데 그때 신청하지 않았기 때문에 안 된다고 했어요. 다른 선생님께 그 얘기를 했더니 다시 사정해 보라고 하던데요?"

"오 그래? 어떻게 할래?"

아들 말에서 다시 부탁하리라는 것을 느끼고 한 질문이었다. 최고의 질문은 내가 모르는 것이 아니라 상대가 잘 알고 말하고 싶은 것을 물어 주는 것이다. 그러면 그 사람은 자존감을 느끼고 질문해 준 사람을 좋아하게 된다.

"다시 찾아가서 해 달라고 하려고요."

"오~우, 좋은 생각이다. 사정하면 아마 해 주실 거야."

서서히 자신감을 만들어 가는 것 같아 무척 기분이 좋았다.

"아빠~ 캐드 합격자 발표 결과를 알려 주신 선생님께서 나는 손재주가 있어서 금방 할 거라며 이왕 한 것 도장 자격증도 따라고 하셨어요."

"뭐야~ 정말? 그래서?"

상상하지도 못한 말에 떨리는 목소리를 숨길 수 없었고 숨기고 싶지도 않았다. 아들의 목소리는 이미 '하겠다'고 말했다. 나에게 말한 것은 자랑하기 위해서라는 것을 안다.

"그래서 한다고 했어요."

"잘 생각했다. 우리 아들 대단한데?"라고 최고로 좋아하며 칭찬해 주었다. 선생님께 인정받고 있는 우리 아들과 그 능력과 성실성을 알아보고 이끌어 주시는 선생님께 감사하다.

아들은 전혀 예상하지 못한 얘기들을 계속했다.

내가 얼마나 기분이 좋고 행복했을지 상상이 되는가?

캐드 합격했으니까 소묘를 해 보고 싶어서 미술학원에 다니고 싶었다고 했다. 다니라고 했더니 지게차와 도장, 운전면허증 따려면 시간이 없을 것 같다고 했다. 하고 싶은 것이 많아지는 아들이 대단하고 감사하다. 하고 싶은 것이 많다는 것은 정말 행복한 일이다. 지금까지 자신이 좋아하는 것이 무엇인지, 잘하는 것이 무엇인지도 잘 모르겠다고 말했던 아들이 이렇게 많은 것을 하고 싶어 하는 것을 보고 행복감을 감출 수 없었다. 하도록 도와주고 싶었다.

"석현아~ 너는 아빠 잘 알지?"

내 말의 신뢰성을 높여 주기 위한 질문이었다.

"네."

"아빠는 전에 나에게 다가오는 모든 기회와 도전을 거부하지 않고 다 하겠다고 한 적이 있었거든? 하겠다고 마음먹고 시작했더니, 도저히 못 할 것 같았던 일들이 거의 다 되는 거야. 그때 나는 놀라운 것을 깨달았단다. 시간이라는 것이 내가 관리하고 조정해야 하는 줄만 알았고, 전혀 없을 것이라고 생각했던 시간이 스스로 자기 분할 능력이 있는 것 같더라? 시간 스스로 생명력이 있다는 느낌이 들었어. 하루 24시간을 살면서 기본적으로 해야 하는 일들이 생각했던 것보다도 더 시간이 적게 걸리고 그러면서 그 시간에 다른 것을 하니까 대부분 되더라니까? 이해 되냐?"

"네. 이해할 수 있을 것 같아요."

더 이상 아들에게 어떻게 하라고 하지 않았다. 이 말은 하고 싶은 것을 포기하지 말고 해 보라는 것이다.

질문과 공감, 칭찬과 기쁨을 함께하며 나의 목표인 아들의 용기와 도전 정신, 자신감과 자존감을 키워 주는 것은 정말로 행복한 일이다. 요즘 나의 행복은 우리 가족이다. 가족 모두가 성실히 살아가는 그 자체가 나를 정말 행복하게 한다. 태어나서 최고로 행복하고 감사하다. 요즘 느끼는 행복은 한 번 사용하고 없어지는 일회성

소모성이 아니다. 가슴속 깊은 곳에 있는 보물 창고에 영원히 저장되고 확대 재생산되고, 우리 가족의 삶에 무한한 원동력이 될 그 무엇과도 바꿀 수 없는 행복이다. 사랑하는 아들이 없었다면 도저히, 영원히 느낄 수 없는 그런 행복감이다.

기분이 너무 좋아 출근하는 발걸음이 정말 가벼웠고 콧노래가 절로 나왔다.

 딸 이현지 감상문

항상 아빠와 석현이가 테니스를 하면서 느끼는 게 많은 것 같아 나도 행복하다. 아빠가 석현이와 매일 함께하며 정말 행복하지만 동생이 포기할까 봐, 다시 예전처럼 무기력한 모습으로 돌아갈까 봐 걱정하는 마음도 느껴진다.
그리고 매일 운동 끝나고 하는 아빠와 석현이의 대화가 참 좋다. 그냥 넘어갈 수 있는 운동을 다시 한번 생각해 볼 수 있는 시간이 된 것 같다.
석현이가 할 수 있는 것, 하고 싶어 하는 것이 많아져 나도 너무 좋다. 전에는 너무 하는 것 없이 잠만 자고 핸드폰만 만져서 시간 아깝다는 생각을 한 적이 있는데 이제는 할 것들이 많아져서 참 다행이다. 그리고 하고 싶은 것이 있으면 시간 관리를 하여 다 해낼 수 있다는 아빠의 말에 정말 동감한다. 공부하면서 많이 느꼈다. 필기 발표 후 나도 시간을 아껴 쓰지 않고 낭비한다는 생각이 들어서 요즘 다시 어떤 것들을 할지 생각하는 중이다.

## '불가능'이란 없다고?
## 모든 것을 스스로 좋아서 하는 것은
## '불가능'하다

화장실에서 세수하고 나오는데 거실에 아들이 서 있었다.
"오~ 일어났어?"

피곤한지 아들은 "네"라고만 했다. 아들이 먼저 말하기를 기다리며 '무슨 생각을 하고 있을까?'라고 속으로 고민만 했다. 일어나기는 했지만 집에서 운동할 때부터 어쩔 수 없이 하는 모습이었다.

행동하게 하는 것은 여러 가지가 있다. 스스로 좋아서 하는 것이 최고로 좋겠지만, 세상에 그런 것은 많지 않다. 대부분 어쩔 수 없이 한다. 그래서 그것이 더 소중하고 가치 있을 것이다. 정말 하기 싫은데도 의무감 때문에, 두려워서 하는 경우도 있다. '불가능'이란 없다고 했는데, 오늘 생각해 보니 모든 것을 스스로 좋아서 하는 것은 '불가능'하다는 것을 발견했다. '강제'라는 말이 부정적인 말이긴 하지만, 어떤 일을 하도록 하는 강한 힘이 있다는 것도 새롭게 깨달았다.

시간이 부족하기 때문에 빨리 움직였으면 했지만 내 기대와는 달리 매우 천천히 움직였다. 아들이 먼저 할 때까지 기다리는 몇 초가 너무 힘든 시간이었다. 혹시나 아들이 '오늘은 테니스 하지 말 자'고 할까 봐 내가 먼저 옷을 입었다. 테니스 하러 가자는 무언의 얘기였다. 아들도 옷을 입었다. 이 정도면 아들도 어쩔 수 없이 갈 거라는 것을 알기 때문에 다음부터는 아들이 하는 것을 따라 했다. 차를 타고 코트에 갈 때까지 아무 말 없이 수많은 생각을 하며 갔 다. '운전면허 알아봤니? 지게차 시험 선생님께 부탁드렸니? 테니 스 교본은 읽어 봤니? 오늘 한옥 목공 시험 합격자 발표하지?' 등 등 먼저 말해 주기를 바라며 아무것도 묻지 않고 갔지만 돌아온 것 은 없었다. '그래 기다리자. 기다려야지….'

도착해서도 아들이 어떻게 할지 궁금하기도 하고 걱정도 되었지 만 아무 말 하지 않고 지켜만 보았다. 피곤할 것이라고 생각했기 때문에 큰 기대를 하지 않고 공을 던져 주었다.

그런데… 반전이었다.

아들은 오늘도 열심히 했다. 오히려 훨씬 더 강하게 치고, 이쪽저쪽, 원하는 방향으로 쳤다. 그래서 나의 목소리도 더 높아졌다. 아들도 느 끼는지 공을 치우는데도 계속 뛰어다녔다. 반 바구니쯤 쳤을 때 "아~ 휴 힘들어~"라고 했다. "힘들지? 숨쉬기 좀 해라"라고 하면서 잘하 고 있다는 목소리로 공감해 주었다. 마지막 6개가 남았을 때 최선 을 다하도록 하기 위해 손을 들어 보이며 "마지막?"이라고 했더니 웃 으면서 "네"라고 했다. 그 눈빛은 잘해야겠다는 다짐의 눈빛이었다.

정말로 6개를 열심히 쳤다. 나는 한 단계 더 했다.
"3개만 더 할까?"라고 하자 좋다며 고개를 끄덕였다.
"하나 둘 셋, 탁~ 정말 잘했다. 잘했어."
마지막 인사를 하고 공을 주우며 물었다.
"석현아~ 오늘은 네가 더 강하게 치더라?"
"네. 왠지 잘 맞았어요"라고 하면서 웃었다.

집에서 출발해 도착할 때까지는 걱정을 많이 하고 기분도 좋지 않았는데 마지막에는 정말로 기분이 좋았다. 세상이 항상 기분 좋은 것만도, 기분 나쁜 것만도 아니다. 스스로 어떻게 생각하고 실천하느냐에 따라 긍정적인 것을 선택할 수 있다. 테니스를 마치고 오는 길에 어젯밤에 본 영화에 대해 계속 얘기했다. 지금까지 본 영화 중에서 제일 재밌었다고 했다. 오늘의 그래프는 시작은 아주 낮았으나 1시간 만에 최고점을 찍은 것 같다. 이것이 행복이다.

지난주에 아들은 야식을 먹지 않았고, 어제도 먹지 않았다고 했다. 식욕의 유혹을 이겨낸 것이다. 목표 의식이 강하고, 그동안 하면서 자신감이 생겼기 때문에 가능한 것이다.

"몇 번 해 보니까 별거 아니었어요"라고 별거 아니라는 투로 말했다.

내일은 더 즐겁고 더 잘할 수 있을 것이다.

## 답은 여러 가지다

코트에 가니까 정구 하는 사람들이 운동을 하고 있었다.

아들은 아직까지도 소극적이고, 하고 싶다는 의지가 보이지 않았다. 강요하지 않기로 했기 때문에 아들이 먼저 움직이기를 기다리며 뒤를 따랐다. 하기 싫을 때가 되었기 때문에 큰 기대 하지 않고 공을 던져 주었다. 그런데 처음 10개 정도를 아주 침착하고 차분하게 잘 쳤다.

"오늘 잘하네? 그래 그렇게 신중하게 정확히 맞추면 되는 거야~"라고 칭찬을 해 줬지만 웃기만 했다.

이렇게만 하면 잘 될 것이라고 생각했는데 시간이 지날수록 집중력이 떨어졌다. 아들도 그것을 알고 가끔 인상을 찌푸렸다. 옆에서 정구 하는 사람들이 가끔 와서 칭찬도 했다. 계속하면 더 좋아질 것이라고 생각했지만 끝까지 잘 안 되었다. 이미 마지막의 간절함을 끌어내기에는 어려운 상태라고 생각하고 4개를 들어 보이고 마지막을 했으나 역시 잘 맞지 않았다. 더 하면 역효과가 날 것 같아 하지 않았다.

공을 주워 담는데 아들이 제안했다.

"아빠~ 이것만 담아서 양쪽에서 치는 것 할까요?"

예상하지 않은 제안에 기분이 좋았지만, 내색하지 않고 무덤덤하게 "그래"라고만 대답했다. 나름대로 다른 것을 하면 더 잘 되지 않을까 하는 기대에 제안하는 것 같아 그래도 다행이었다. 그런데 양쪽에서 하는 것도 전보다 훨씬 안 되었다. 몇 개를 치고 나서 힘들었는지 더 쉬운 방법으로 해 달라고 해서 아무 말 하지 않고 해 주었더니 조금 더 잘 되었다. 오늘은 스스로 선택하고 시도하는 것만으로 만족하자고 생각했다. 조금이라도 열심히 할 수 있도록 계속 칭찬하고 아들보다도 더 열심히 했는데도 잘 안 돼 정말 안타까웠다. 처음 시작했을 때는 의욕이 없어 안타까웠는데 차츰 여러 가지를 시도해 답을 찾은 것 같아 그래도 기분 좋았다.

답은 여러 가지다.

누구나 자신에게 맞는 답이 있다. 그것은 정답보다는 명답이다. 상대를 이끌기보다는 인정하는 것이 더 좋을 수 있다. 물은 낮은 곳으로 흐른다. 잘하는 사람이 못하는 사람에게 맞춰야 한다는 말이다. 내 수준에 맞춰 이끌었다면 아들은 이미 포기했을 것이다. 이끌면 성장할 필요성을 못 느낀다.

테니스를 처음 시작할 때 아들이 바구니에 있는 공이 모두 몇 개 정도 되냐고 물었을 때 나는 "200개 정도 되지 않을까?"라고 말했는데 오늘 세어 보니 600개 정도 되어 서로가 놀랐다. 30분에 600개를 친다는 것은 평균 3초에 1개씩 친다는 얘기다. 자신을 대견해했다.

오늘의 그래프는 W 그래프였다.

100일 동안 하루도 쉬지 않고 성공한다면 아들 인생에 최고의 경험이 되고, 엄청난 자신감이 생길 것이다.

오늘도 사랑하는 아들 덕에 알찬 하루를 시작할 수 있었다.

 **딸 이현지 감상문**

오늘의 일기는 긴장감이 느껴지기보다는 휴일다운 편안한 일기였다.

나름 좋았다. 매일의 긴장감도 좋지만 100일 동안 포기하지 않고 이어 가기 위한 좋은 날인 것 같다. 아빠가 먼저 제안하지 않고 석현이가 먼저 생각하고 제안하고 행동하도록 하는 것이 정말 좋은 것 같다. 역시 우리 아빠다.

석현이도 더 능동적으로 스스로 행동하는 힘을 길러 가며 더 잘하려고 방법을 바꾸는 것도 참 좋았던 것 같다. 답은 1개가 아니니까. ㅎ

벌써 테니스를 한지 15일이나 되었고 미션 27%가 되었다는 게 대단하다. 정말 아빠와 동생의 경험은 보물이 될 것이다.

무엇이든지 포기하지 않고 하는 것은 그것만으로도 대단할 뿐만 아니라 아빠와 석현이는 매일 운동하는 동안 많은 생각을 하고 많은 것을 얻는다.

오늘도 아빠의 일기를 읽고 감상문을 쓰니 기분이 좋다.

## 최고의 동기 부여는 자신이
## 발전해 가는 모습을 보는 것이다

알람이 울려 내가 먼저 씻고 아들을 깨웠다. 기초 운동을 하고도 나는 어떻게 하자고 말하지 않았다.

"아빠~ 가요?"

"그래."

어젯밤에 아들이 추천해 준 〈김씨 표류기〉 영화를 봤던 것에 대해 이야기했다. 서로가 공감했고, 재밌었고 감동적이었던 부분에 대해 즐겁게 대화를 했다. 이제는 아들과의 대화가 훨씬 더 자연스럽고 서로가 공감하고 공유하는 시간이 되었다. 이것만으로도 미션이 우리에게 준 최고의 선물이다.

코트에 도착해서도 아들이 먼저 제안했다.

"아빠~ 오늘은 처음부터 어제처럼 해요."

"그래? 그러자"라고 하고 아들이 치기 쉽도록 조심스럽게 공을 넣어 주었다. 어제는 처음에 잘해 칭찬한 후부터 교만해져서인지 계속 못했다. 그래서 오늘은 "잘한다"는 말 대신에 목소리 톤으로 표현했다. 내 생각대로 어제와는 완전히 다르게 실수를 하지 않으려고 끝까지 최선을 다했다. 나는 일부러 아들이 실패하지 않고 치는 공의 숫자를 세어 주었다. 내 경험에 의하면 실수하지 않고 하나를 더 성공했을 때의 그 쾌감은 무엇으로도 말할 수가 없었다.

"하나, 둘, 셋, 넷, 다섯~"

예상처럼 숫자가 하나씩 증가할수록 아들은 몇 배 더 신중하게 쳤다. 기필코 해내고야 말겠다는 그런 각오가 보였다.

"잘했어, 좋았어. 뛰어~"라고 흥분된 목소리로 아들의 감정 샘을 자극하고 나도 더 열심히 했다.

"하나, 둘, 넷, 다섯, 일곱, 아홉, 여~얼~"

정말로 잘했다는 칭찬보다 내가 세어 준 숫자가 열이 넘었다는 것은 아들에게 줄 수 있는 최고의 동기 부여일 것이다.

"열 하~나~아!"

얼마나 감격스러운 순간이겠는가!

아들은 캐드 시험 합격한 것보다도 더 감격스러웠을 것이다. 절대로 실수하지 않을 각오로 열심히 뛰었어도 실수했을 때 아들은 정말로 아쉬워했다.

"아~하" 아들의 탄식 소리, "아~하" 나의 탄식 소리. 우리 둘이서 최선을 다했다는 칭찬의 소리였다. 아쉬워하는 시간도 아까워 바로 뛰어서 다시 칠 준비를 했다. 정말로 기분 좋은 발전이다. 우리가 더 잘하고 재밌게 하기 위해서는 혼자만 잘해서는 절대로 안 된다. 아들의 열정을 끌어내려면 아들 수준에 맞게 잘 맞춰 줘야 한다. 스스로가 하도록 지켜보고 맞춰 주었기 때문에 스스로 도전하여 성장하는 자신을 보고 감동했을 것이다.

최고의 동기 부여는 자신이 발전하는 모습을 보는 것이다.

"잘했어, 좋았어, 좋아"를 계속하면서 30분 정도 했다. 아들은 힘들어하면서도 좋아했다. 나는 아들이 아쉬워하도록 일부러 그만하자고 했다.

"벌써요? 왜요?"라고 내 의도 대로 아들이 아쉬워하는 반응을 해서 기분이 정말 좋았다.

"힘드니까 좀 쉬었다 하게."

"아~"라고 하며 아들은 안심하는 듯했다. 30분 동안 30% 정도 쳤기 때문에 아직도 공이 많이 남았다. 이것을 다 칠 때까지 할 것인가, 아니면 반만 하고 말 것인가를 고민했다. 반만 해도 오늘은 전보다 훨씬 더 많이 하는 것이다. '아들이 힘들어하면 어쩌지? 너무 힘들어서 앞으로 테니스를 하기 싫어하면 어쩌지?'라고 걱정했다. 다행히 아들은 계속 열심히 했고 공도 잘 맞았다. 다시 시작해서 반 정도 했을 때 아들 표정을 봤다. 힘들어 하지만 그만하자고는 안 할 것 같았다. '좋아! 오늘도 모든 선택과 결정을 아들에게 맡기자'라고 생각하며 속으로 '끝까지, 끝까지~'를 외쳤다. 조금씩 공이 줄어들수록 나의 선택은 성공에 더 가까워져 갔다. 끝까지 열심히 했다. 오늘은 예상보다도 훨씬 더 했기 때문에 깔끔하게 수고했다는 인사를 하고 끝냈다.

chapter 03. 문제는 보물이었다

"석현아~ 오늘은 그동안 했던 것 중에서 제일 잘한 것 같더라? 잘했다. 정말로 잘했어~"

"네 오늘은 잘 맞았어요. 그리고 열심히 했고요."

아들은 잘한 것도 좋아했지만 스스로 열심히 했다는 것에 대해 매우 만족스러워했다. 공을 바구니에 담으며 아들이 세어 보자고 했다. 아들은 확실한 것을 좋아한다. 어제 우리가 600개 정도 될 것이라고 했는데 확실히 알고 싶었던 것이다. 공을 세어 보니까 450개 정도 되었다. 어제 아침에도 자기가 모르는 것은 인터넷에서 찾아서 메모장에 정리한다고 보여 주어서 '아주 좋은 습관이다'고 칭찬해 주었다.

"석현아~ 공을 치면서 아빠가 숫자를 세는 것이 좋니, 안 세는 것이 좋니?"

당연히 세는 것이 좋다고 하리라는 것을 알면서도 물었다.

"세는 것이 더 좋죠."

내 말은 공 하나하나에 목표를 갖고 하면 훨씬 더 집중하게 되고 잘하게 되기 때문에 앞으로도 그렇게 하자는 의도였는데 알았는지 모르겠다.

"아빠~ 오늘은 머리에 땀이 다 말랐어요." 자기가 열심히 했다는 자랑이었다.

"네가 땀이 더 없는 것 같다?" 대화를 끌어내기 위해 역설적으로 말했다.

"아녜요. 저 땀 많이 흘러요. 아까는 땀이 많이 났는데 계속하니까 말랐어요."

"오~ 그래? 오늘은 정말 열심히 하더라? 석현아~ 오늘 힘들었냐?"

재밌으면 힘들지 않다는 것을 알려주기 위해 물어 주었다. 상대가 재밌게 할 수 있도록 해 주는 것이 최고 스승이다.

"아뇨? 오늘은 뭔가 더 재밌었어요."

내가 바라는 답이 나와 좋았다.

"석현아~ 아빠는 전에 테니스 할 때 얼마나 열심히 했는지 아니? 팬티와 반바지에 땀이 줄줄 흐르고, 조금 더 하면 다시 마르고, 또 다시 땀이 줄줄 흐를 때까지 했단다."

"오우 아빠~ 대단해요."

"그래도 아빠는 힘들지 않았고 정말로 행복하고 재미있었단다. 그렇게 땀을 흘리면서 하고 나면 세상 모든 것이 완전히 고요해지는 거야. 세상에 그보다 더 좋은 것이 없었지."

'석현이 너는 더 열심히 해야 한다'는 뜻이었으나 그 말은 하지 않았다. 아들도 내 뜻을 알 것이기 때문이다.

점심을 먹으면서 아들은 여러 가지 얘기를 했다. 군대에 대한 얘기와 장래 직업 얘기 등등…. 아들은 어제도 야식을 먹었다며, 어떻게 해야 할지 모르겠다고 자신을 자책했다.

"안타까운 일이다"라고 공감해 줬다. 그러나 어떻게 하라고 가르치지는 않았다. 스스로가 안타까워한다는 것은 가능성이 있기 때문이다. 그리고 내가 가르쳐서가 아니라 스스로가 해결책을 찾고 극복해야 진정으로 자신의 것이 될 수 있기 때문이다. 아직 한 달이 안 되었고, 해낼 것이라는 믿음이 생겼기 때문에 기다리기로 했다. 미션 수행하며 아들과 대화하고 공감하고 성장하고 깨달아가는 것들이 더 재밌어서 미션의 가치는 더 커져 간다.

## 습관이 본능을 이긴다

어제 아침에 아들이 핸드폰을 잃어버렸다고 했다.

사준 지 정확히 1년 만이다. 우연인가? 기적인가. 희한하다. 보험을 들었기 때문에 다행이라고 생각했는데, 같은 폰으로 사려면 70만 원 이상 부담해야 한다고 해서 속은 기분이었다. 구입 가격은 110만 원이었는데 지금은 80만 원 정도 한다고 했다. 그러면 보험 처리하지 않고 새 폰을 사도 된다는 얘기다. 아들은 35만 원 정도 하는 것으로 새로 사도 되느냐고 물어서 나는 CCTV를 더 확인해 보고 결정하자고 했는데 오늘 파출소에서 누군가 가져다주었다고 전화가 왔다. 어제 샀더라면 생돈을 날릴 뻔 했는데 정말 다행이었다. 가져다준 사람을 물었더니 78세의 할머니라고 했다. 너무 감사해서 그분께 감사 인사를 드렸다.

어제 아들이 미안하고 반성하는 표정으로 핸드폰을 잃어버려 죄송하다며 의외의 말을 했다. 1년 써 보니까 도움 되는 것도 있지만, 안 좋은 점도 많은 것 같아서 잃어버린 핸드폰 찾으면 그거 사용하고, 못 찾으면 안 사겠다고 했다.

"그래?"라고만 했다.

아침에도 아들이 "아빠~ 55분이에요"라며 나를 깨웠다.

"오 그래?" 기분이 좋았다. 오늘도 아들이 더 서둘렀다.

"석현아~ 알람이 안 되었을 텐데 어떻게 일어났니?"

"그냥 깼어요…."

"오~ 그래?"라고 감동했다.

테니스를 하고 싶은 마음에 자연스럽게 일어났다면 엄청난 성과다. 하고 싶어 하는 간절한 마음이 다이아몬드보다도 강하다는 수면 욕구를 이겼다는 얘기다. 그동안 한 달 넘게 일찍 일어난 것이 습관이 되어 자연스럽게 깼어도 엄청난 성과다. 인생에서 가장 중요한 습관을 만들었다는 얘기다. '성실'이라는 어마어마한 자산을 얻게 된 것이다. 요즘 아들에게 일어나는 이 엄청난 변화를 나 혼자 보고 행복해하기에는 너무나 아깝다. 자랑하고 싶어 죽겠다.

코트에 도착해서도 처음부터 어제 했던 위치로 바구니를 가져갔다. 어제저녁부터 하고 싶었기 때문에 더 간절했을 것이다. 어떻게 하자고도, 해 달라고도 하지 않았다.

"나이스, 나이스, 굿, 좋아, 좋았어, 잘했어, 준비, 뛰어, 발 고정, 자세 낮추고"를 하면서 최선을 다했다. 오늘도 역시 숫자가 증가할수록 몇 배 더 집중했다.

"잘했어, 좋았어. 뛰어~, 넷, 다섯, 여덟, 아홉, 여~얼, 열~하나, 열~둘, 열~셋, 열~넷, 열~다섯, 열~여섯, 아~"

최고로 잘했다. 열여섯이라는 숫자를 세는 나의 간절함은 아들도 같았을 것이다. 아들의 태도가 훨씬 더 당당해졌다. 계속 숨을 헐떡이고 여러 번 숨쉬기를 했다.

"힘드냐?"라고 했지만, 힘들다고 할까 봐 걱정했다.

"괜찮아요…."

'정말로 괜찮았을까? 아니면 내가 그만하자고 할까 봐 괜찮다고 했을까? 정말로 괜찮았다면 열심히 했는데도 힘들지 않았기 때문에 재미있었다는 얘기가 된다. 내가 그만하자고 할까 봐 괜찮다고 했다면 테니스를 정말로 하고 싶다는 얘기여서 더 기분 좋은 일이다.' 감사하다.

한참을 하다가 아들이 말했다.

"아빠~ 3개만 더 해요."

그만하고 가자는 얘기다. 그 말을 전에는 내가 했었는데 오늘은 아들이 먼저 했다는 자체가 발전하고 있다는 것이다. 그것도 의도하지 않고 자연스럽게… 자가발전이다. "그래"라고 하고는 깔끔하게 끝냈다. 아들이 주도적으로 한 것만으로 오늘도 성공이다. 아들은 역시 열심히 하면 잘했다고 생각하고 만족하는 것 같다. 결과보다 과정을 즐길 줄 아는 현명한 사람이다. 이름을 명석하고 현명하게 살라는 뜻으로 밝을 석(晳), 어질 현(賢), '석현'이라고 지었는데 요즘 그렇게 되어 가는 것 같아 가슴이 뿌듯하다.

오늘은 1/2 정도밖에 치지 않았으나 열심히 해서 흡족했다.

"석현아~ 오늘 정말 열심히 하더라. 땀도 제일 많이 흘렸네?"

"날마다 그랬어요."

땀을 많이 흘려 옷이 몸에 달라붙었다. 옷에 있는 땀을 짜면서 떨어지는 것을 보고는 흐뭇해했다. 매일 매일 발전하고, 자신감이 커져 가는 모습, 그런 모습을 매일 보는 아빠는 얼마나 행복하겠는가….

집에 오는 길에 아들에게 물었다.

"석현아~ 핸드폰 잃어버려서 아까운 것 없니?"

"별로요."

"그래? 그 안에 소중한 자료 같은 것 없었니?"

나도 그렇지만, 대부분 사진을 많이 저장해 두었을 것이다.

그런데 석현이는 달랐다. 훌륭하다는 표현이 더 정확하다.

"다만… 감사 일기요…"라고 했을 때 나는 '멍~~' 했다.

망치로 머리를 맞은 느낌이었다. 딸이 공무원 합격했다는 소식을 들었을 때의 그 기분? 지난해 핸드폰을 사 주고부터 시작해 하루도 빠지지 않고 1년 동안 써 온 감사 일기를 그렇게 소중하게 생각했다는 것, 나는 너무나 행복했다.

"그래 맞아… 그것이 없어져 버렸네? 안타깝다~ 다른 곳에 저장 안 했었냐?"

"핸드폰 메모장에 했었어요."

"그럼 저장되어 있을 것 같은데?"

"아 그래요?"라며 아들은 좋아했다. 핸드폰을 다시 사지 않겠다고 했던 것도 훌륭한 생각이고, 남아 있는 핸드폰 값을 자기가 주겠다는 말도 정말 기분 좋은 얘기였다. 속이 없는 줄 알았는데 요즘은 그 누구보다도 속이 꽉 찬 것 같다.

오늘도 아들 덕분에 알차게 하루를 시작할 수 있었다.

내일이 또 기대된다.

또 다른 내 이름 '이천운, 이행복.'

 **딸 이현지 감상문**

와~ 석현이가 정말 대단하다.

혼자 생각하는 힘이 많이 커진 것 같다. 석현이는 빠르지는 않지만 천천히 잘 숙성된 김치처럼 잘 자란 것 같다. 아빠의 교육관이 맞았다는 게 증명되는 것 같아 기분이 좋다. 역시 아빠다.

석현이가 아빠의 슬픈 일을 아는지 모르겠지만 그런 아빠의 안 좋은 감정들을 좋은 감정으로 채워 주는 것 같아 다행이고 아빠가 힘이 날 것 같아 좋다. 그리고 석현이가 감사 일기 모아둔 것들을 못 찾을까 봐 걱정했을 때의 그 기분은… 아빠가 정말 행복했을 것 같다. 석현이에게는 채찍만 주기보다는 정말 당근과 채찍 이 둘 다 적절히 필요한 것 같다. 석현이가 너무 원해 아빠가 핸드폰을 사 주었지만 핸드폰을 사용하면서도 많은 생각을 하게 된 것 같아 좋다. '생각하는 힘'을 기르는 것은 참 어렵다고 생각하는데 석현이는 그것을 잘 해내고 있는 것 같다. 그리고 아빠와 일찍 일어나 운동하는 것이 습관이 되어 알람 없이도 그 시간에 일어났다는 것… 얼마나 어려운 일인지 알기에 석현이가 더 대단하고 멋지다. 아빠가 참 행복하겠다. 엄마도 너무 행복하겠다.

우리 가족 모두가 요즘 행복해서 기분이 좋다.

## 책임감보다 자율성

아들에게는 지금 책임감보다도 자율성이 더 중요하다. 다른 아이들보다 책임감이 더 강한 편이지만, 어떻게 해야 하는지는 알면서도 의지와 실천력이 아직 부족하다.

옛날에 우리 집에 우물이 있었다.

펌프 속에 물이 없으면 펌프질을 해도 물이 나오지 않는다. 물을 퍼 올리기 위해서는 마중물을 부어야 한다. 마중물은 펌프 안에 있는 공기를 빼 주고 물을 퍼 올릴 수 있도록 하기 위한 것이다. 아들에게 부족한 부분을 채워 주기 위해 내가 선택한 것이 마중물이 되어 주는 것이다. 그래서 책임감보다 부족한 자율성을 키워 주기 위한 선택을 한 것이다.

코트에 가는 동안 아무 말도 하지 않았고, 공을 치는데도 열심히 하지 않았다. '아들이 힘드니까 나라도 열심히 해서 아들의 열정을 끌어낼까? 네가 열심히 하지 않으면 나도 하기 싫어진다는 것을 보여주기 위해서라도 그냥 내가 느끼는 대로 할까?' 한참을 고민하다가 후자를 택했다. 어제와는 비교도 안 될 정도로 무성의하게 했고 장애 되는 공을 치우면서도 마지못해서 한다는 생각이 들어 의도적으로 인상을 썼다. 못해도 내가 잘해 주면 아들은 감사할 줄 모르고 당연하게 생각할 것이고, 아무것도 깨닫지 못할 것이기 때문이다. 아마 나의 행동과 표정으로 아들은 느꼈을 것이다.

"나이스, 좋았어, 잘했어"를 계속하며 열심히 하기를 바랐지만 그렇지 않았다. 무슨 일 있냐고 묻고 싶었지만 꾸~욱 참았다. 자기도 왜 그런지 모를 수 있고, 알아도 말하기 곤란할 수 있기 때문이다. 오늘은 다른 날 보다 "준비, 뛰어, 발 고정, 자세 낮추고"를 더 많이 했다.

"하나, 둘, 넷, 다섯, 일곱, 여덟, 아홉, 여~얼~, 열~하나, 열~둘, 열~셋, 열~넷, 열~다섯. 아~ 잘했다, 잘했어."

그래도 열다섯까지 한 것으로 만족하기로 했다.

한참을 하다가 "아빠~ 3개만 더 해요"라고 했다. 마지막 3개를 정말 열심히 해서 아들이 도전하고 싶은 욕심이 있을 것이라고 생각했기 때문에 "한 번만 더?" 하면서 공 3개를 들어 보였다. 아들도 좋다면서 웃어서 다행이었다. 하기 싫은 표정을 했으면 나의 선택이 잘못되었다는 얘기가 되기 때문이다. 공을 주우면서도 '오늘은 어땠니?'라고도 묻고 싶었고, 테니스 예의에 관해서도 얘기를 해 줄까 생각했지만 참았다. '뭔가를 얻고 싶으면 자신이 노력해야 한다. 부모나 선생님들도 아무런 조건 없이 무조건 주고 싶은 것은 아니다. 그들도 사람이기 때문에 자신에게 잘해 준 사람이나, 스스로 열심히 하는 사람들에게 더 잘해 주고 싶어 한다. 상대가 열심히 해 주도록 하기 위해서는 자기가 솔선수범해서 상대가 자연스럽게 감동하여 도와주도록 해야 한다.' 아들에게 이런 얘기를 해 주고 싶었지만 참았다. 오늘은 나도 기분이 좋지 않아 편하고 재미있는 대화가 아닌, 오늘의 상황을 아들 탓이라는 투로 얘기할 것 같았기 때문이다. 내가 아주 자연스럽게 연기를 하더라도 아들이 거부해 버리면 내 노력이 더 가치 없게 된다. 아들은 내 말을 인정하고 받아들이기는 하겠지만, 그래도 기분이 좋지는 않을 것이다.

어제는 아들이 감사 일기를 2편 써 보냈다. 그것도 다른 날보다도 훨씬 빨리…. 그제 핸드폰이 없어서 못 썼던 것과 어제의 것을 같이 쓴 것이다. 대단하다는 생각을 했다. 감사 일기를 하루도 빼먹지 않고 쓰겠다고 자신과 약속한 것이다. 이것도 예전에는 상상하기 어려운 일이었다.

기대가 커서 약간 서운했지만 안 한 것보다는 훨씬 좋았다.

>  **딸 이현지 감상문**
>
> 오늘은 석현이가 아빠의 기대에 못 미쳤나 보다.
> 조금 아쉽지만 모든 것을 만족시킬 수는 없기 때문에 항상 포기하지 않고 운동하는 아빠와 동생이 대단하다. 그리고 석현이가 잘 변해 가니까 아빠의 기대도 예전보다 높아진 것 같아 좋다. 석현이와 아빠 사이에 행동 하나하나에 많은 생각들이 오가는 것 같아 참 좋은 일이라고 생각한다. 원래 큰 목표까지 가는 여정에는 많은 장애물이 있기 마련이니까 아빠와 석현이는 어려운 일들을 잘 헤쳐 나가서 미션 100%에 성공할 것이다.

## 능력보다 마음가짐

벌써 테니스 한 지 20일이 지났다. 대단하다.

오늘은 더 열심히 할 거라 기대했는데 그렇게 하지 않아서 기분이 안 좋았다. '어떻게 아들의 열정을 끌어낼까?' 고민했다. 아들이 열심히 하면 나도 열심히 하고, 하기 싫은 태도면 나도 재미없게 하기로 했다. 장애되는 공도 무성의하게 치웠다. 그런데… 차츰 아들이 공에 더 집중했다. 아들이 열심히 할수록 나의 칭찬은 많아지고 목소리도 커졌다. 한참을 재밌게 하는 동안 7시가 다 되었을 것 같은데 가자고 하지 않아 아들의 생각을 알고 싶어 말했다.

"석현아~ 나 오늘 출근하지 않고 목포로 출장 간다? 너 학교에 데려다 줄까?"

"진짜요? 아빠~ 몇 시에 가는데요?"

"8시 10분에 집에서 출발하면 돼."

"그럼 테니스 더 하면 안 돼요?" 내가 듣고 싶은 말이었다.

"더해도 돼~ 언제까지 할래?"

아들은 7시 40분까지 하자고 했으나 나는 간절함을 키워주기 위해 7시 30분까지 하자고 시간을 의도적으로 조금 줄였다.

아들은 기분 좋아 웃었다. 그때가 7시 5분이었다. 다른 날 같았으면 가자는 의미로 7시라고 말했을 텐데 오늘은 7시가 넘었어도 말하지 않았다. '왜 그랬을까? 언제까지 할 생각이었을까?' 묻지는 않았다. 오늘은 어제보다 잘 돼서 더 하고 싶었을 것이라고 생각했다. 좋은 현상이다.

'실패는 성공의 어머니'라고 한다. 이 말이 의미하는 바가 무엇일까? 실패한 사람들을 위로하기 위해? 주변에 실패한 사람들이 성공한 사람보다 많기 때문에? 아니면, 실패하다 보면 확률적으로 성공할 가능성이 높아질 수 있다는 것일까? 이보다는 실패를 두려워하지 않고 과감히 도전하다 보면 언젠가 성공하게 된다는 의미가 더 강할 것이다. 실패를 교훈 삼아 잘못된 점을 고치면 반드시 성공한다는 말일 것이다. 아들이 어제의 실패로 테니스를 포기하지 않을까 걱정했다. '내 능력은 이것밖에 안 돼'라고 포기해 버리는 '고정 마음가짐'이다. 그런데… 우리 아들은 달랐다. 어제의 실패를 오늘의 성공으로 전환할 줄 아는 사람이다. 오늘 하는 것을 보면 어제 잘못된 원인을 생각했을 것이고 그 부분을 고쳐가면서 했기 때문에 더 잘했을 것이다.

'자신의 현재 지능과 관계없이 어느 정도 늘 변화시킬 수 있다'고 생각하는 사람을 '성장 마음가짐'을 가진 사람이라고 한다. 우리 아들은 아이큐가 높지도, 능력이 많은 사람도 아닐지 모르지만 노력하면 항상 발전할 수 있다고 생각하는 '성장 마음가짐'을 가진 현명한 사람이다. 아이큐나 능력보다도 마음가짐이 훨씬 더 중요하다는 얘기다.

나머지 시간도 정말 열심히 했다.
그래도 못할 때는 "준비, 뛰어, 발 고정, 자세 낮추고"를 하면서 교정해 주었다. 아들이 어제의 상황을 어떻게 생각할지 궁금했고, 도약의 디딤돌이 되었으면 하는 바람이었는데 그것이 오늘 현실이 되어 기분이 정말 좋다.
"다섯, 여덟, 여~얼~, 열~둘, 열~셋, 열~넷, 열~다섯, 아~"
오늘도 열다섯까지 했다. 한참을 하다가, 아들이 "아빠~ 3개만 더 해요"라고 했다. 오늘은 다른 날보다도 2배 많이 했기 때문에 깔끔하게 그만두었다.
"아빠~ 오늘 딱 1시간 했어요."
평상시에는 30분 하는데 오늘은 훨씬 더 많이 했고, 잘했다는 얘기고, 칭찬받고 싶다는 얘기였다.
"그래, 오늘 많이 했다. 잘했다"라고 칭찬해 주었다.
오늘은 아들이 기분이 좋았기 때문에 다시 테니스 예절에 관해 얘기했다. 시작하기 전에 인사를 정중하게 하고, 끝나면 '수고하셨습니다. 감사합니다'라고 큰 소리로 인사하라고 했다. 어제 아들 기분이 좋지 않아 말하지 않은 것은 잘한 것 같다. 스스로가 잘했다는 것을 인정하고 말하면 동기 부여가 될까 해서 물어 주었다.

"석현아~ 오늘은 어땠니?"

"좋았어요. 더 잘 맞았어요"라고 해서 다행이었다.

 **딸 이현지 감상문**

벌써 테니스를 20일이나 했다.

아빠가 기다려 주니 이제 석현이가 먼저 제안하는 게 많아져서 좋다. 이제 습관을 들여 예전보다 일찍 일어나 항상 운동하는 것이 전보다 힘들지 않고 편할 것 같다. 그리고 아빠가 석현이에게 시간을 소중히 여길 수 있도록 한 것, 석현이 기분이 좋았을 때 테니스 예절에 대해 말한 것도 참 좋았던 것 같다. 사람은 본인의 기분에 따라 같은 말이라도 받아들이는 느낌이 달라지기 때문이다.

아빠는 항상 열심히 했지만 아빠와 약속 때문에 석현이가 운동을 꾸준히 열심히 하게 되어 좋다.

## 행복은 아들과의
## 대화 시간에 비례한다

　아내가 운동 안 하냐고 깨웠지만 나는 못 들은 척했다. 아들이 깨우지 않으면 의도적으로 실패할 계획이었다. 잠시 후 아들이 일어나 방문을 열고 들어와 나를 깨우며 테니스 안 할 거냐고 물어서 내색하지 않고 "너는?"이라고 물었더니 "해요"라고 해서 "하자"라고만 했다. 아들이 선택하고 결정하도록 기다린 보람이 있어서 나 자신에게도 감사했다.

　코트에 가면서 묻지도 않았는데 아들이 얘기를 꺼냈다.
　"아빠~ 오늘은 하기 싫었어요."
　"그래? 그런데?"
　"아빠가 감사 일기에 '100일 미션 34일 성공'이라고 매일 쓰는데 오늘은 '100일 미션 35일 실패'라고 쓰면 안 되겠다는 생각이 들었어요"라고 했다. 아들과 나에게 책임감을 강화시키고 포기하고 싶은 마음을 없애고, 성공했다는 것을 눈으로 보면서 감동하고 최면을 걸기 위해 매일 감사 일기의 첫 문장에 써 왔었다. 생각만 하는 것보다는 말로 하는 것이 최면 효과가 더 강하고, 말로만 하는 것보다도 글로 쓰는 것이 더 강하고, 글로 쓰는 것보다도 그 글을 눈으로 보는 것이 더 강하다. 그 결과가 이렇게 실패를 막아 주는 엄청난 효과를 가져다주었다. 아들의 그런 생각과 행동이 하기 싫었던 마음을 싸~악 없애 주었다.

오늘 점심때 강선이도 국밥 같이 먹어도 되냐고 물었다. 코트에 가니까 사람들이 있었다. 한 회원이 시원할 때 안 하고 왜 더울 때 하냐고 물어서 아들이 스스로 하도록 하기 위해서 하자고 하면 하고, 안 하자고 하면 안 한다고 했더니 그분도 그것이 맞다고 했다.

"아빠~ 서브 연습 좀 하다가 할까요?"라고 했다.

매일 조금씩 연습을 해야지 감을 잃지 않고 몸이 기억하고 이미지 트레이닝을 계속하면 실력이 팍 는다고 했더니 자기도 이미지 트레이닝 잘한다고 웃으며 말했다.

"그래 좋은 습관이다. 너 테니스 책 읽어 봤냐?"

혹시 부담 줄까 봐 지금까지 물어보지 않았었는데, 오늘은 왠지 아들이 봤을 것 같은 느낌이 들어 물었다.

"네, 봤어요."

"책에서 나온 것처럼 생각하며 하면 더 좋아진단다?"

아들이 선택하고 결정하도록 유도하는 나의 미션이 서서히 성공하는 것 같아서 기분이 정말 좋다. 아들은 어제보다도 더 신중하게 서브 연습을 했다. 나는 지켜보면서 "나이스, 잘~했어"를 해 주었다. 서브 연습을 한참 하다가 "아빠~ 이제 같이 해요." 공을 넘기는 것을 하자는 얘기였다.

"그래"라고 하고 공 넘기기를 조금 했는데 아들이 말했다.

"아빠~ 오늘은 조금만 해요"라는 예상치 못한 말에 기분이 안 좋았지만 내색하지 않고 "그래"라고만 했다. 그것도 아들의 선택이기 때문이다. 처음에는 무성의하게 하려 했는데 차츰 아들이 열심히 해서 나도 자연스럽게 열심히 했다.

날씨가 너무 뜨겁다고 해서 '하기 싫다는 얘긴가?'라고 속으로 생각했지만 내색하지 않고 공감해 주었다.

금방 그만할 줄 알았는데 기대했던 것보다 더 많이 했다.

"녯, 일곱, 여~얼, 열~둘, 열~셋, 좋아, 열~여섯, 열~일곱, 열~여덟, 하나만 더, 스~물, 스물~하~나, 스물~두~울, 스물~세~, 아~하. 아깝다. 진짜 잘했다. 잘했어. 신기록이다."

22번을 실수하지 않고 해냈다. '내가 이렇게 기분이 좋은데 아들은 어땠을까?' 아들은 숨을 헐떡이며 좋아했다.

"아빠~ 이제 그만해요"라고 해서 나도 깔끔하게 "그래"라고 하고 마쳤다. 지금 이렇게 글을 쓰고 있는데도 그 클라이맥스가 생각이 나서 얼굴에 미소가 가득하다. 공을 반 정도밖에 안 쳤지만 우리는 땀을 많이 흘려서 좋았다.

"오우 땀 많이 흘렸는데? 석현아~ 부럽다. 땀을 많이 흘리면 좋지."

"네~" 아들도 땀의 의미와 가치를 안다.

테니스를 하고 휴게실로 가니까 사람들이 몇 명 있었다.
회원이 "부럽다. 아들아~ 아빠가 가르쳐 주니까 좋지? 아들과 아빠가 그렇게 하니까 정말 보기 좋다. 이런 기회 별로 없어야?"라고 해 주셨다. 회원들도 아들이 테니스를 계속하기를 바라는 마음에서 나에게 항상 잘한다고 말해 준다.

강선이에게 연락하고 차를 타고 오면서 아들에게 오늘은 어땠냐고 물었더니 그런대로 잘된 것 같다고 했다.
"그래 오늘 참 잘 맞더라. 네가 공의 성질을 조금씩 알아가는 것 같더라? 어려운 것도 잘 처리하고…."
"네 그런 것 같아요"라며 아들은 웃었다.
"아빠~ 아빠는 발을 움직이지 말라고 했잖아요. 나는 '발을 움직이면 어때?'라고 생각했는데 오늘은 아빠가 말한 것처럼 의식적으로 안 움직이려고 계속 생각하면서 했더니 확실히 오늘은 안 움직였어요. 그리고 더 잘 되었어요."
하나씩 발전해 가는 자신이 대견하다는 칭찬이었다.
"응. 안 움직이고 잘하더라. 석현아~ 운전면허는 알아봤니?"
이것도 아들이 스스로 알아서 하도록 하기 위해 물어보지 않았던 얘긴데 오늘은 아들 기분이 좋은 것 같아 물었다. 누나에게 물어보려고 전화했는데 안 받았다고 했다. 운전면허에도 관심이 있다는 얘기다. 아들은 도장을 못 하게 되었다고 했다. 내용은 안 좋은데 말투는 기분 좋은 말투였다.

"그래?"라고 깜짝 놀란 척 대답했지만, 기분 좋았다.

"제가 도장 선생님께 여러 번 부탁드렸는데요. 하고 싶어 하는 사람들이 많다며 도장 선생님께서 계속 안 된다고 했어요. 그런데 얼마 전에 또 교실에 와서 도장 하고 싶은 사람 손들어 보라고 했어요. 6명이 손을 들었는데 할 수 있는 사람은 3명밖에 안 된대요."

"그래?"

"그러면서 가위바위보로 결정하라고 하는 거예요. 근데 저는 가위바위보 잘 못하거든요. 그래서 불안했어요."

"그랬구나…"라고 안타까워해 주었다.

"역시나 제가 졌어요."

"오~메 아깝다."

안타깝기도 했지만, 아들에게 공감해 주기 위한 표현이었다.

"그 후에 학교 그네에 앉아 있는데 담임 선생님과 도장 선생님이 오시는 거예요. 그래서 내가 가서 또 '선생님 저 도장 정말 하고 싶어요. 해 주시면 안 돼요?'라고 물었거든요? 선생님께서 1명이 포기해서 한 자리가 비기는 한데 저한테만 하라고 할 수는 없대요."

"왜~ 그렇게 여러 번 사정했는데 왜?"라고 기분 나쁜 듯이 말했다.

"하고 싶어 하는 학생들이 많기 때문에 나에게만 기회를 줄 수 없대요. 그래서 또 선생님께서 가위바위보 하라고 했거든요? 그래서 저는 또 졌어요."

"잉~ 아깝다~"

"그런데요. 내가 같이 하자고 한 친구가 있거든요? 그 친구가 가위바위보 이겨서 하게 되었어요."

"뭐야~ 진짜 아깝다~ 그 친구는 네 덕분에 하게 되었네?" 간절하도록 하기 위해 계속 공감해 주고 아쉬워해 주었다.

"이번에는 방학 끝나고 바로 있는 시험에 대비하는 것이래요. 그래도 2학기 때는 할 수 있다고 했어요."

아들이 좋아하고, 하고 싶어 하는 일이 있다는 것. 얼마나 좋은 일인가!

아들이 아르바이트하는데 누나 남자 친구들이 와서 누나 공무원 합격한 것 들었고 누나가 대단하다고 했다며 누나를 자랑스럽게 생각했다.

아들 친구가 어제저녁에 아들한테 와서 자기 집 천장 수리하는 걸 물어 봐서 아는 데까지 알려줬다며 자랑했다.

"오~ 잘했다"라고 부러워해 주었다.

누군가가 어려운 점을 자신에게 물어 주는 것만큼 기분 좋은 일이 없다. 그리고 자신이 그것에 대해 답을 해 주는 것도 정말 기분 좋은 일이다. 아들은 존재감을 느낀 그 기분을 얘기하고 싶었던 것이다.

담임 선생님께 언제 일할 수 있냐고 2주에 한 번씩은 물어봤는데 선생님께서는 기다리라고만 했다고 했다. 무엇을 준비해야 하느냐고 도 물어봐도 아무 준비 안 해도 된다며 캐드 같은 것 한다고 했다면서 "그런데요, 선생님께서 저를 꼭 필요로 하지 않은 느낌이에요. 이제 말하지 말까요?"라고 말했다.

담임 선생님 아버지 회사에서 일하고 싶어 여러 번 물어보고 준비하려고 하는데 선생님이 소극적이어서 불안하고 서운한 느낌이었다.

"그래라. 계속 말하면 안달하는 것 같아서 선생님이 그렇게 너를 대할 것 같다."

"네. 그래야겠어요."

아들에게 지금 취업할 수 있냐고 물었는데 취업하면 졸업하고 계속해야 하기 때문에 자기는 안 된다고 했다.

"아 그래? 졸업하고 안 하게 되면 어떻게 된대?"

"그건 모르겠어요"라며 어색한 표정으로 말했다.

일단 취업하고 나서 나중에 생각해 보라는 의도였다는 것을 알았을 것이다. 아들은 법이나 약속을 어기는 것을 싫어한다.

강선이를 태우고 곱창집으로 갔다. 아들과 운동했다는 말에 다들 부러워했다.

"석현아~ 너 몇 kg이냐?"

며칠 전에 아들이 야식을 안 먹어야 하는데 참지 못한다며 자신에게 실망했다고 해서 의도적으로 한 말이다.

"말 못 해요…. 나는 왜 이런지 모르겠어요."

"그건 정말 어려운 일이지… 나도 못 참는 것 많아."

아들이 실망하지 않도록 못 참는 것이 당연하다는 투로, 용기를 가지라는 의도로 말했다. 그리고 내기를 하자고 제안했다. 나는 논쟁보다는 내기를 한다. 책임감을 갖고 열심히 하도록 하기 위해서다. 야식을 먹으면 나에게 3만 원씩 주라고 했더니 아들은 깜짝 놀랐다.

"네가 먹고 싶은 욕망을 참지 못하잖아… 그러니까 그걸 먹으면 아까울 만큼 잃는 것이 있어야 먹고 싶은 욕망을 이겨낼 거 아니니?"

"그렇긴 해요…."

"어쩔래?"

"그렇게 해요. 그런데 아빠~ 내가 양심이 없으면요?"

거짓말하면 어쩔 거냐는 얘기였다.

"너는 양심이 있니, 없니?" 우리는 웃으면서 계속 얘기했다.

아들은 피식 웃으며 "양심 있어요. 근데 가끔은 양심이 없을 때도 있어요"라고 해서 "너는 양심이 있어"라고 거짓말하지 말라는 뜻으로 말하며 웃었다.

아들은 거짓말을 잘 하지 않고, 거짓말하는 것을 싫어한다. 거짓말을 할 수 있는 경우가 많았는데도 야단맞을 줄 알면서도 솔직하게 말했다. 그동안 스스로 하도록 지켜만 봤지만, 식욕을 참는 것은 아들에게 매우 어려운 일이라는 것을 알기 때문에 내기라는 카드를 쓰기로 했다. 정말 힘들 때 누군가 약간만 도와 주면 성공할 수 있기 때문이다.

"아빠~ 내가 책을 사면 돈 준다고 하신 거 기억나세요?"

생뚱맞은 질문에 기분이 좋으면서도 멍해졌다. 사실 나는 그것이 기억나지 않았다.

"언제?"라고 그런 말 안 했다는 투로 말했다.

"아빠가 전에 분명히 말했어요"라고 웃으며 강하게 말했다.

"기억이 안 나는데?"라고 했지만, 아들이 책을 산다는 것만으로도 기분이 좋았기 때문에 주려고 했으나 돈의 소중함을 심어 주기 위해 의도적으로 부정했다.

"올해 초에 했어요"라고 웃으며 계속 주장해서 "그래? 그래, 알았다. 책 사고 달라고 해라"라고 못 이긴 척 말했다.

밥이 나오기를 기다리며 아들은 계속 얘기했다. 영화 없는 세상과 음악 없는 세상 중에 어떤 게 더 싫으냐고 물었다. 한참 고민한 척하다가 아들이 듣고 싶은 대답을 해 줬다.

"음악 없는 세상이 더 싫을 것 같은데?"

"그쵸. 나도 그래요."

"맞아. 음악이 없으면 영화의 OST도 없으니까…"라고 강선이도 맞장구를 쳤다.

"석현아~ 너는 노래 잘하니 못하니?"

"잘 못해요."

"왜? 엄마도 아빠도 노래 잘하는데?"

"엄마도 잘해요?"

"그럼! 엄마 교회 성가대 했잖아."

"아~ 그랬지?"

"그런대로 잘해요"라고 강선이도 거들어 줬다.

이번에 누나 오면 우리 가족 밥 먹고 노래방 한번 가자고 했더니 아들은 썩 내키지 않은 것 같았으나 내가 원한다는 것을 알고 가자고 했다.

"누나 언제 온대요?"

"18일 면접이니까 17일에 오지 않을까?"

"아 그래요?"

"내가 누나한테 물어볼게."

아들과 이런 대화를 한다는 것이 얼마나 기분 좋겠는가?

오늘의 테니스 일기가 가장 내용이 많고 알차다.

테니스는 1시간도 하지 않았지만, 테니스 일기는 3시간을 더 썼다. 이것은 낭비가 아니라, 내 시간의 가치 창출이다. 이렇게 가공함으로써 우리의 미션과 테니스의 가치가 수억 배로 증가하기 때문이다. 미션도 테니스도 중요하고 좋지만, 테니스 일기가 수백 배 더 가치 있고 좋다. 우리 가족 모두를 행복하게 해 주기 때문이다. 우리의 행복은 아들과의 대화 시간에 비례한다.

**엄마 김덕아 감상문**

여태까지 살면서 우리 아들이 무언가를 열심히 하는 것, 그리 많이 보지는 못한 것 같다. 어렸을 때 만들기에 관심은 있었지만, 이 정도는 아니었다.

그런데 캐드에, 목공에, 학교 수업이 끝나고 남아서까지 열심히 한 적이 과연 있었던가? 기억이 없을 정도로 이번에는 열심히 해 주었다.

도장 배우는 것도 가위바위보 해서 졌는데, 그래서인지 모르겠지만 그 마음이 더 간절해지나 보다. 계속 선생님께 '저 도장 진짜 하고 싶어요'라고 부탁드리면서까지 하고 싶어 하는 것을 보고 '우리 석현이가 저런 면도 있었구나!'라는 것을 느꼈다.

대단하다 우리 아들. 다른 아이들은 귀찮아서 하기 싫어할 텐데 자격증 하나하나 따니까 기분 좋은가 보다. 모두가 감사 일기를 쓰고 난 덕분인 것 같다.

아들이 많이 변했다. 하기 싫은 마음이 있어도 아빠와 약속했기 때문에 '해야 한다고 생각한 것은 하는구나. 생각은 있구나'라는 생각이 든다.

엊그제 1시까지 아르바이트하고 와서 노래 다운로드가 잘 안 되어서 4시에 잤다고 했다. 그런데도 다음 날 테니스를 하기 위해 몇 시간 자지 않고 운동을 갔다 오는 것을 보았다. 아빠와 테니스를 함께하는 것 자체가 재미있고, 배움 자체가 재미있고, 땀 흘림 자체가 재미있어서 이 모든 것을 즐기는 거겠지.

지금도 많이 변했지만 미션이 다 끝나고 난 후의 아빠와 아들이 궁금하다. 과연 어떤 변화와 성장이 있을까?

미션 실패라고 적힐까 봐 걱정되었다니, 우리 아들이 그런 생각도 할 줄 알게 되고 정말 의젓한 성인이 된 듯하다.

잠자기 바빴을 텐데… 아들 하나는 잘 키웠다는 생각이 든다.

성실함과 열심, 조금 느려도 엉금엉금 끝까지 가는 거북이 같다.

예전에는 솔직히 아들이 친구들하고 대화가 안 통하면 어쩌나 걱정했었는데, 이제는 진짜 얘기도 잘하고, 아빠와 대화도 잘 통하고, 얘기 들어 보면 이제는 친구를 리드하는 면도 많아진 것 같다. 친구들에게 꿈이 뭐냐고 물어 보기도 하고, 자신감도 생기고 엄청 당당해지고 활발해졌다.

모두 아빠 덕분이에요. 감사해.

 **딸 이현지 감상문**

오늘도 참 기분 좋은 일기였다.
항상 읽을 때마다 소설 같아 좋고, 감사 일기보다 길어서 좋은데 마지막쯤 되면 끝날까 아쉽다. 그런데 오늘 일기는 더 길어서 좋았다. 3시간을 들여 쓴 일기라고 하는데 그럴 만한 가치가 있는 일기라고 생각한다.
주말을 동생과 보내서 참 좋은 것 같다. 자녀들이 나이 먹을수록 각자의 삶에 바빠 가족들에게 소홀하기 마련인데 우리 가족은 그 반대로 갈수록 돈독해지는 것 같아 참 좋다. 좋은 현상이다.ㅎ
돈 내기까지 했다니 석현이는 야식도 안 먹을 수 있을 것이다. 계속 열심히 하여 과정과 결과 모두에서 목표를 이뤘으면 좋겠다.

# 임계점은
# 새로운 도약의 출발선이다

어제는 딸이 내려와 늦게까지 많은 대화를 나누어 좋았다.
 아침에 일어나지 못했는데 아들이 5시 53분이라며 깨워 줘서 고마웠다. 기초 운동을 하고 딸을 깨워 같이 갔다. 어제 차를 가져오지 않았다고 하자 걸어가는 시간이 아까워 그랬는지 아들은 안타까워했다. 딸이 있어서 우리는 자연스럽게 대화를 하며 차 있는 곳까지 걸어갔다.

 누나에게 보여 주고 싶었는지 오늘은 어제보다 잘했다. 다행이었다. 누군가에게 보여 주고 싶다는 것은 자신감이 있다는 얘기다. 공 하나로 어제보다도 더 여러 번 넘겼다. 내가 실수한 경우에도 "아~ 미안, 쏘리!"를 하며 아들 노력의 가치가 허사가 되지 않도록 표현해 주었다.
 "다섯, 여~얼, 여~얼 다~섯, 좋아, 하나만 더, 스~물, 스물 다~서~엇, 좋아, 집중, 서~른…" 이미 최고 신기록이다. 신기록을 세운다는 것이 자신은 물론이고 보는 사람에게 얼마나 큰 감동과 행복을 주는지 아는가?

"서른 다~서~엇, 집중, 하나만, 마~흔." 우리는 숨을 헐떡이면서도 모든 신경을 집중해서 즐겁게 하고 있다. 힘든 것은 전혀 문제가 되지 않았다. 하나를 더 해내면서 힘든 것은 모두 감동으로 바뀌고 공 하나의 가치는 가격으로 계산할 수 없을 정도로 컸다.

"마흔 하~나, 마흔 두~, 아~하. 아깝다. 잘했다. 잘했어, 정말 잘했다. 대단하다"를 계속하며 최고로 감동해 주었다. 불과 2일 만에 거의 2배를 더 해냈다. 임계점을 넘은 것이다.

물은 100도가 되어야 끓는다.

1도와 99도는 큰 차이가 나지만, 100도를 넘지 않으면 수증기가 되지 못한다. 99도와 100도는 불과 1도 차이지만 결과는 수증기를 만드는 엄청난 차이다. 사람들은 불과 1도를 극복하지 못하고 성공하기 직전에 포기한다. 아들은 어제까지는 물이었을지 모르지만 오늘은 물에서 수증기가 되었다. 이게 우리 아들이다. 임계점은 새로운 도약의 출발선이다. 희망이 보인다. 머지않아 게임을 할 수 있을 것이다.

어떻게 그랬을까?

현지는 석현이에게 '빠르지는 않지만 천천히 잘 숙성되어 가는 김치 같다'고 했다. 엄마는 '조금 느려도 포기하지 않고 엉금엉금 끝까지 가는 거북이 같다'고 했다. 발전 가능성이 크다는 얘기다. 지속 가능한 발전이다. 누나에게 보여 주고 싶은 욕심? 거의 하루도 빠지지 않고 계속해서 세포가 기억한 결과? 하나하나 최선을 다해 넘겨 주는 나의 정성과 노력? 숫자를 세는 나의 감격스러운 목소리? 아들과 나의 협동심? 도대체 뭐가 우리 아들을 이렇게 변화시켰을까?

7시 5분이라며 몇 시에 출근하냐고 해서 아들 기분을 맞춰 주기 위해 9시까지만 가면 된다고 했더니 내 예감대로 10분만 더하자고 했다. 나는 아들이 더 하자고 하면 할수록 기분이 좋아진다. 그만큼 아들이 욕심이 생기고 열심히 한다는 얘기이기 때문이다. 한참을 하다가 3개만 더 하자고 했다.
　아들도 희소가치를 안다. 마지막을 정말로 신중하게 했다.
　"굿, 좋아, 잘했어, 아~하. 아깝다. 진짜 잘했다. 잘했어."
　다른 날 같았으면 그만했을 텐데 오늘은 기분이 좋았는지 "아빠~ 딱 3개만 더 해요"라고 해 줘서 정말 좋았다.

　딸도 아들과 내가 하는 것을 보고 동영상을 촬영했고 SNS에 올렸다고 했다. 우리가 테니스 하는 것이 자랑하고 싶을 만큼 보기 좋았다는 얘기다. 아들과 마지막 인사를 하고 딸에게도 몇 개 쳐 보라고 했다. 거의 치지 못했지만, 그것이 오히려 아들에게 자신감을 키워 줬을 수도 있다. 오늘은 더 많은 시간을 했는데도 바구니의 공은 1/4밖에 치지 않았다. 잘했다는 뜻으로 오늘은 공을 훨씬 더 적게 쳤다고 했더니 아들은 흐뭇하게 웃었다. 공을 주우며 동영상을 봤는데 그런대로 볼만했다. 딸은 아빠 폼이 별로라고 농담했지만 나는 아니라고 우기며 함께 웃었다. 딸은 나보다도 훨씬 땀을 많이 흘린 동생 옷을 만져 보며 "대단하다"고 했다.

　아들 스스로 선택하고 발전할 수 있도록 하겠다는 나의 결정이 매일 조금씩 성공하고 있다. 아들의 성공은 내 인생 최고의 성공이다. 엄마와 누나도 같은 마음일 것이다. 어젯밤 우리 가족의 대화가 좋았다고 아들은 감사 일기에 썼다.

 **엄마 김덕아 감상문**

엊그제까지만 해도 어렸던 우리 아이들이었던 것 같은데, 어느덧 이렇게 자라서 이제는 넷이 마주 앉아 술잔을 기울이다니 새삼스러운 것 같다.^^
진짜 세월이 빠르다. 마냥 어린애들인 줄 알았는데, 크긴 크네. 우리 아이들이 잘 자라 주어 다행이고 대견하다. 오늘 아침에 나도 동영상을 보니까, 아들의 실력이 많이 는 것 같았다. 역시 아침마다 시간을 보내며 흘린 땀이 그냥 흘리는 땀이 아니었어. 그래서 날마다 흘린 땀이 재미있고, 그 시간이 즐거운가 보다.
다른 날보다 오늘 아침에는 셋이 나갔다 들어오는 모습이 더 예뻤어….^^
딸 얼굴도 생기 있어 보였고, 우리 집안이 활력이 넘쳐 보였어….
이대로 우리 가정 쭉… 행복하게 가즈아!

## 자기표현은
## 자신감과 자존감의 표시다

 변함없이 알람이 울려 '오늘도 테니스를 못하는구나!'라고 생각하고 다시 자고 있는데 아들이 6시 10분이라며 늦었다는 듯 흔들어 깨웠다.
 공을 몇 개 치더니 "아빠~ 오늘 느낌이 좋아요"라고 했다.
 "오~ 그래?"
 자존감이 낮다고 말한 아들이 표현을 먼저 한다는 것. 이 얼마나 기분 좋은 일인가! 나는 가족들에게 의도적으로 감정 표현을 많이 하는 편이다. 하고 싶지 않을 때도 있지만 포옹과 사랑한다는 말을 자주 하고 요구도 한다. 인간은 의식적이건 무의식적이건 포옹하고 사랑한다는 말을 하면 자기 말과 행동에 대한 책임감 때문에 그렇게 움직이게 된다.

 나는 의도적으로 힘들다는 듯이 한동안 아무 말 하지 않고 공을 넘겨주었는데 아들이 계속 열심히 해서 나도 힘이 났다. 아들은 다른 날보다도 더 신중하게 했고, 하다가 실수하게 되면 더 안타까워했다. 한참을 열심히 한 후에 아들이 시계를 보더니 "아빠~ 3개만 해요"라고 해서 마지막을 하고 깔끔하게 끝냈다. 아들은 오는 차 안에서도 말을 계속했다.

"오늘은 잘 맞았어요."

"그래, 그렇더라."

내가 생각했을 때는 잘했다는 느낌이 별로 없었는데도 아들 말에 공감해 주었다. 시작하면서도 자기감정 표현을 했고, 끝나서도 스스로 느낌을 표현했다는 것은 엄청난 발전이다. 테니스 실력 향상은 부수입이고, 가장 중요한 자신감과 자존감이 뿌리를 잘 내려 쑥쑥 자라고 있다는 얘기다. 모든 사람이 그렇겠지만, 아들도 기분 좋을 때 표현을 많이 한다.

강선이가 아르바이트하고 싶다고 해서 어제 사장님께 할 수 있냐고 물었는데 처음에는 자리 있다고 했다가 강선이라고 했더니 없다고 했다고 했다.

"잉? 왜 그랬을까?"라고 사장님의 의도도, 아들의 뜻도 알면서 전혀 모른 척 물어 주었다.

"강선이가 전에 하루 아르바이트 했잖아요. 그때 2시간 정도 하다가 배가 아파서 못 하겠다고 했잖아요…."

"응?"

"그런데 사장님께서 CCTV를 봤나 봐요. 배 아프다고 했는데 CCTV 보니까 계속 핸드폰만 했다는 거예요…."

"뭐? 그랬구나. 사장님은 강선이를 못 믿는 거구나? 성격이 좋으니까 사람들이 좋아할 텐데 성실하지 못한가 보네?"

"네. 강선이는 그런 게 좀 있어요."

아들에게 칭찬해 줘야 할 타임이다.

"석현아~ 전에 네가 아르바이트 그만하고 싶다고 했을 때, 사장님께도 그만두겠다고 했었다고 했잖아. 그런데 아빠와 대화를 한 후에 다시 하겠다고 했잖아? 그 후에 아빠가 너의 사장님을 만났는데 나에게 정말 감사하다고 했다?"

"왜요?"

"네가 아빠와 대화하고 다시 하겠다고 했다더라? 그러면서 사장님께서 '저는 믿을 사람이 아드님밖에 없어요'라고 하시더라? 내가 너에게 손님들 오면 '솔' 톤으로 반갑게 인사하라고 했는데 너는 안 하잖아. 그래서 나는 불안했었는데 사장님께서 그렇게 말씀해 주시니까 그래도 네가 '성실하고 사장님한테 신뢰를 얻었구나'라는 느낌이 들어 기분이 좋았어. 너의 사장님께서 또 그러시더라. '저는 아드님 때문에 살아요. 아드님은 참 성실하고 정직해요'라고. 그때도 참 기분이 좋았어. '신뢰는 보석보다도 더 중요하다'는 말 알지?"

"네."

"사장님께 너는 보석보다 중요한 신뢰를 얻은 것이고, 강선이는 그것을 버린 거네? 성실이 무슨 뜻인지 아니?"

"…"

"성실에 성(誠) 자는 정성 성인데, 말씀 언(言)에 이룰 성(成)이고, 실(實) 자는 열매 실이란다. 자기가 말한 것을 정성스럽게 이루어 내면 엄청난 과실을 얻는다는 뜻이지."

"아~"

아들은 자신을 칭찬하는 말이라는 것을 느끼고 좋아했다. 성실의 뜻이 이렇게 좋은 것이라는 것을 새롭게 알게 돼 기분이 좋은 것 같았다. 아들을 칭찬하여 기분 좋게 해 주고, 또 성실과 신뢰는 인생에서 돈보다도 소중한 자산이기 때문에 앞으로도 계속하게 하고, 자신이 대단한 사람이라는 것을 인정하고 느끼도록 하기 위해 말해 주었다.

어제도 아들은 방학식에서 우등상을 받았다고 자랑했다.
"오우~ 대단한데?"
"별거 아녜요"라고 농담과 겸손, 거들먹거림을 곁들인 밉지 않은 제스처를 했다. 그래서 나도 아들 농담에 맞춰 주기 위해서 "야 너 공부 잘 못 하잖아~"라고 했더니 아들도 기죽지 않고 "캐드 자격증 땄잖아요…"라고 했다.
"아~ 그랬지?"
요즘 아들이 차츰 자신감이 커져 간다고 느껴 얘기했다.
"석현아~ 직원들한테 네가 캐드하고 목공 국가자격증을 땄다고 자랑했더니 건축직 공무원 하면 되겠다고 하더라?"
"하고는 싶죠."
"그럼 해라?"
"근데 어렵잖아요. 자신 없어요."
자신이 공부를 싫어하고 힘든 일을 싫어하기 때문에 도전해 보지도 않고 포기한 것 같다. 스스로 하지 않으면 도전하더라도 최선을 다하지 않을 것이고, 오히려 반항심만 생기게 되리라는 것을 알기 때문에 더 얘기하지 않았다. 그래도 전보다는 훨씬 더 당당했다.

아들은 빠르지는 않지만 포기하지 않는다고 했었다. 그런데 요즘 엄청 빠르게 좋은 쪽으로 변해 간다. 아이들은 '아빠는 행복을 만들어 가는 사람 같아요'라는 엄청난 칭찬을 해 준다. 우리 아이들도 요즘 행복을 만들어 가며 사는 것 같다.

감동이 많으면 테니스 일기 쓰기도 행복하다.

 **딸 이현지 감상문**

석현이가 먼저 표현을 했다니 참 좋은 현상이다.
그리고 석현이는 보면 볼수록 좋은 사람이라는 것이 잘 느껴지는데 편의점 사장님이 그것을 잘 알아 주신 것 같아 기쁘다. 정말 석현이가 공무원까지 관심을 가진다면 얼마나 좋은 일일지…. 석현이가 아직 공부에 자신감을 보이지 못하고 있지만 본인의 관심사에 더 자신감을 보이고 공부의 필요성도 조금씩 더 알아 가는 것 같고 그래서 약간씩은 조금 더 관심을 보이는 것 같기도 하다. 석현이도 자신감을 조금씩 더 길러서 언젠가는 공부가 필요하다는 것을 알고, 하고 싶어 할 때가 올 거라고 생각한다. 그리고 자신이 필요하다고 생각해야 열심히 공부할 수 있다고 생각한다.
석현이가 자기표현력이 늘어서 좋다. 그리고 오늘은 석현이에 대한 아빠의 관찰이 좀 더 자세하고 좋았던 것 같다. 그런 좋은 점들을 석현이에게 구체적으로 말해 준 것도 참 좋은 것 같다.

# 도전의 성과는 크다

어제저녁에 아들딸과 2시가 넘도록 대화를 했다.

대화를 계속하고 싶었지만, 오늘 일정이 있어 그만 잤다. 아들과 기초 운동을 하고 딸이 기찬랜드에 미리 자리 잡으러 간다기에 같이 가서 도와주었다.

강선이가 사장님 전화번호 가르쳐 달라고 하는데 어떻게 하면 좋겠냐고 물었다. 사장님께서 안 된다는 식으로 말했는데 강선이가 사장님께 전화 드리면 사장님 기분이 안 좋으실 것 같다고 했다.

"그럴 수도 있겠구나? 그런데 너는 강선이한테 사장님께서 안 된다고 했다고 말했니?"

"아뇨?"

"그럼 강선이도 알아야 하지 않겠니? 그래야 고칠 수 있지 않겠어? 그런데 너도 사장님도 말하지 않으면 강선이는 영원히 자신의 잘못이 무엇인지 깨닫지도 못하고 고칠 기회도 못 가질 것 아니겠니? 사장님 생각하는 마음은 참 좋은데, 강선이도 변해야 하기 때문에 자기 방식대로 노력해야 한다고 생각하지 않니? 선택과 결정은 사장님과 강선이에게 맡기고 너는 전화번호만 알려 주는 게 좋을 것 같은데?"

"네. 그게 좋겠네요."

가는 동안에 아들은 나에게 친구처럼 농담도 했다.

바구니를 가져다 놓은 뒤 자기 자리에서 준비하고 막 시작하려는데 아들이 말했다.

"아빠~ 오늘은 뒤에서 서브 몇 개만 넣어 주세요."

더 어려운 것을 해 보겠다는 것이었다. 스스로 어려운 단계를 요구한 것이 나름대로 자신감이 생겼다는 얘기다.

"그래?"

도전은 자신감이 없으면 불가능하다. 보이지 않지만, 아들에게 자신감과 용기가 커진다는 것이다. 도전의 성과는 크다. 뒤쪽으로 바구니를 가져가 서브를 넣어 주었다. 몇 개 치더니 "아빠~ 오늘도 느낌이 좋아요"라고 말했다.

"오~ 그래?"

어려울 줄 알았는데 생각보다 잘되니까 기분이 좋았던 것 같다. 처음에는 몇 개만 하자고 했었는데 잘 되니까 그만하자는 말을 하지 않고 계속했다. 자기 도전에 대한 성공, 자신감, 용기에 대해 뿌듯함을 느끼는 것이다.

잘 맞을 때마다 "좋아, 잘했어, 굿"을 많이 해 줬다. 안될 때는 정말 안타깝다는 듯이 "아~ 아까워"를 해 주었다.

날씨가 더워서 힘들면 그만하자고 말하라고 했는데도 아들은 계속했다. 나는 속으로 '언제 그만하자고 할까? 너무 일찍 그만 하자고 하면 안 되는데?'라고 생각하다가 아들이 자주 힘들어하기에 쉬었다 하자고 내가 먼저 제안했다. 아들도 나와 같았는지 바로 대답했다. 10분을 쉬면서 내가 정말 땀을 많이 흘렸다고 했더니 자기도 많이 흘렸다고 했다.

"야 봐라. 내 땀이 흘러 강물이 되고 있잖아?"

바닥에 흐르는 땀을 보면서 말했더니 아들이 보고 웃었다.

"석현아~ 나는 이렇게 열심히 하고 땀을 많이 흘리면 왠지 흐뭇하고 기분이 좋다? 나는 처음 테니스 배울 때 하루에 3시간 이상 했어."

"진짜요?"

'너는 나에 비하면 힘든 것이 아니기 때문에 더 열심히 하라'는 의도였다. 10분을 쉬고는 아들이 계속하자고 했으나 시간이 지날수록 집중력이 떨어졌다. 20분 정도 더 하더니 "아빠~ 마지막 해요"라고 했다.

마지막 2개를 열심히 했으나 잘 안되었지만 더 하자는 말은 하지 않고 깔끔하게 인사를 하고 끝냈다.

쉬는 동안 점심으로 무엇을 먹을 거냐고 물었는데 아들은 안 먹겠다고 했었다. 최소한 방학 동안만이라도 탄수화물이 든 음식은 안 먹고 간식도 안 먹겠다고 했다. 며칠 전에도 치과 다녀오면서 통닭이 정말 먹고 싶었는데도 참았다고 했다. 그런데 공을 주우며 아들이 메밀국수 먹자고 말했다.

고민되었다. 조금 전에 친구와 점심을 같이 하기로 약속했기 때문이다. 같이 가자고 했더니 자기는 집에 가서 수박 먹겠다고 해서 미안했다.

공을 다 주웠을 때 아들이 말했다.
"아빠~ 아까 메밀 먹자고 했을 때 많이 고민했거든요? 근데 아빠가 친구와 약속 있다고 하니까 다행이라고 생각했어요. 조금 전에 독한 마음을 먹어야 한다고 해 놓고 금방 어기는 것 같아 나 자신에게 약간 실망했었어요."
"오 그래? 석현아~ 많이 먹지 말고 조금만 먹자? 갈 때까지 고민해 봐라"라고 아들을 유혹했다.
"아빠~ 그럼 우리가 가서 기다려야 하면 먹지 말고, 안 기다려도 되면 먹어요"라고 했다. 역시 아들은 넘어왔다. 아들은 식욕과 다이어트 사이에서 항상 고민한다. 자기가 음식 먹는 것에 대해 항상 합리화한다고 했다. 나는 기다리는 사람이 있었으면 하고 바랐다. 식당에 도착해서 아들에게 보고 오라고 하고 기다렸는데 다녀오더니 5분 정도 기다려야 한다고 했다. 어떻게 할 거냐고 물었더니 집에 가서 수박만 먹으면 다른 것 또 먹고 싶을 것 같으니까 먹고 가자고 했다. 그냥 가자고 할 것이라는 내 예상이 빗나갔다.

가게로 들어가 기다리면서도 대화를 계속했다.

강선이는 사장님한테 전화했냐고 물었더니, 아들이 문자 보낸 10분 뒤에 '감사'라고 문자만 왔고, 됐으면 좋아서 자랑했을 텐데 아무 말 없는 것을 보니 안 된 것 같다고 했다.

"석현아~ 아까 우리 회원이 보고 갔잖아. 잘한다고 하면서 얼마나 했냐고 물어보더라? 그래서 뭐라고 한지 아니?"

"아뇨?"

"1년 했다고 했어."

"에이 아직 한 달도 안 되었는데요? 그러면 그 사람이 내가 실력이 없다고 생각할 거 아녜요."

"아 그러네? 석현아~ 나는 처음 배울 때 정말 열심히 했다? 배우고 싶은 욕심이 많아서 제일 먼저 가서 다른 사람들이 운동할 수 있도록 코트 준비를 다 해 주고, 1시간 넘게 기다리면 겨우 한 번씩 해 주더라? 테니스는 자기보다 못하는 사람들하고 하면 재미가 없거든…"

"아~"

배우려면 간절해야 하고, 열심히 해야 하고, 잘하는 사람들은 못하는 사람과 하기 싫어한다는 것을 알려 주고 싶어 말했다. 다행히 그 뜻을 아는 것 같았다.

"석현아~ 음식을 먹을 때는 많이 먹고, 안 먹을 때는 아예 안 먹으면 몸에 안 좋을 수 있기 때문에 반식(배부르지 않게 반 그릇만 먹는 식습관)하는 것이 좋단다. 매일 조금씩만 먹는 거야. 오늘도 조금 남겨라?"

"에이~"

"왜?"

"그러면 가서 또 먹고 싶을 거예요."

"그래?"

아들은 먹고 싶은 식욕을 못 참으리라는 것을 알았다.

이제 아들이 나와 대화를 할 때 표현도 잘하고 거리감 없이 친구처럼 편하게 한다. 오늘도 많은 대화를 해서 감동이 컸고, 테니스 일기 쓰기도 행복하다.

 **딸 이현지 감상문**

이번 일기는 테니스 외적인 면에서도 정말 좋았다.
석현이가 다이어트하려는 의지가 좀 더 강해진 것 같고 슬슬 몸무게 변화가 나타나니 더 탄력을 받은 것 같다. 아빠가 동생에게 숨겨진 의도를 가지고 해 주는 말들을 이제는 동생이 좀 더 생각하고 잘 알아듣는 것 같아 좋고, 아빠도 더 뿌듯할 것 같다. 영암에 있는 동안 내가 생각했던 것보다 아빠와 석현이의 대화가 그리 많지 않았다. '나는 아빠와 함께 있을 때 당연하게 계속 말을 하는데 석현이에게는 이런 것이 큰 용기가 필요한 일이려나…?'라고 생각해 보았다.
그리고 점점 좋아지는 것 같아 참 좋다.

## 빨리 가려면 혼자 가고, 멀리 가려면 함께 가라

 오늘은 아들이 먼저 일어나서 기분 좋았다. 시작할 때는 잘하지 않았는데 차츰 자신을 테스트하며 집중했다.
 "하나, 둘, 셋, 넷, 다섯, 여섯, 아~ 좋아, 잘했어, 잘했다."
 어제 낮에도 운동하고 저녁에도 해서 피곤했을 텐데 나름대로 열심히 했다.
 "팍~ 뛰어, 왼발 앞으로, 뒤로 팍."
 이제는 칭찬과 지적에 크게 자극받지 않을 정도로 시간이 지난 것 같다. 시간의 힘이다. 사람은 동일 자극을 반복적으로 받으면 나중에는 당연한 것으로 받아들인다. 아들도 이제는 일상이 되어 걱정하지 않아도 될 것 같다.
 "여섯, 여~덟, 여~얼, 열하~나, 열~두~울, 열~세~엣, 열~네~엣, 열~다~섯, 열~여~섯, 열~일고~옵, 열~여더~ 아~"
 숫자 하나하나가 더해질 때마다 내 목소리는 더 커졌고, 온 신경을 집중해서 머리가 설 정도였다. 실수를 해 버리면 아들이 무척 실망할 것이기 때문에 실수하지 않으려고 시합할 때보다도 훨씬 더 집중하고 열심히 했다.

아들은 마지막 실수했을 때 정말 안타까워했다. 어제는 16번 성공했는데, 오늘은 그보다도 하나 더 많은 17번을 넘겼기 때문이다. 또다시 신기록을 세운 것이다.

내가 이렇게 기분이 좋은데 아들은 얼마나 기쁘겠는가!

"잘~ 했다. 잘했어. 정말 잘했다"라고 극찬을 했다.

햇볕이 그렇게 따갑지 않았는데 아들은 어제보다 더 힘들어했다. 아들은 몇 번 숨쉬기하고 시작하자는 표시를 했다. 그만하자고 할까 봐 걱정했지만, 아들은 스스로 정한 시간을 지켜야 한다는 책임감으로 끝까지 했다. 시간이 30분쯤 지났을 때 아들이 "아빠~ 마지막 해요"라고 했다. 자주 피곤한 듯한 행동을 했기 때문에 더 하지 않고 깔끔하게 끝냈다.

"아빠~ 어제는 하루 종일 물과 수박만 먹고 아무것도 안 먹었더니 배가 너무 고프고 힘이 없었어요."

"아~ 그랬구나?"

"이제는 탄수화물도 조금 먹어야겠어요."

"그래~ 아빠가 전에도 말했지? 먹을 때 많이 먹고 안 먹을 때는 아예 아무것도 안 먹으면 힘들 거라고?"

미션도 성공해야 하고 테니스도 성공하고 싶어 하는 아들을 보면 뿌듯하다. 아들은 자신의 실수를 통해 배워 가고 있다.

"석현아~ 이렇게 100일 미션을 하면서 너는 뭐를 느꼈니?"

"음… 혼자 할 때는 모든 것을 내가 스스로 결정해야 했는데 아빠와 같이하니까 아빠가 이끌어 줘서 더 좋아요."

"그래?"

"혼자 하면 하기 싫을 때 포기해 버리고 자기 합리화를 하는데, 아빠와 함께하니까 포기 안 해서 좋아요. 내가 포기해 버리면 나만 실망하는 것이 아니라 아빠도 더 실망하실 것 같아서 포기해서는 안 된다는 생각이 들어 더 하게 돼요."

"오~우 대단한데?"

아들이 그런 생각까지 할 것이라고는 전혀 생각 못 했다. 특히, 나를 실망하게 해서는 안 된다고 생각한다는 것을 알 수 있어 정말 좋았다.

"석현아~ 우리가 처음 시작할 때 아빠가 그랬잖아, 100일 미션도, 다이어트도 어렵지만, 내가 과연 할 수 있을까? 걱정했었잖아~ 기억나니?"

"네."

"나도 걱정했지만 하다가 포기하더라도 최소한 한 만큼은 성공한 것이라고 생각하고 일단 했었거든? 그런데 나도 너처럼 하기 싫고 힘들 때도 많았지만, 그렇다고 포기하면 나의 가장 소중한 사람, 네가 같이 포기하게 되고 그래서 나뿐만 아니라 네가 더 크게 실망할 것 같아 지금까지 참아 냈던 거야. 역시 우리가 같이 하기를 정말 잘한 것 같다. 그렇지? 벌써 6주가 지났고, 테니스도 거의 한 달을 해냈다?"

"네."

빨리 가려면 혼자 가고, 멀리 가려면 함께 가라고 했다.

이제는 포기할 수 없을 정도로 우리는 너무 많은 것을 투자했고, 포기하면 엄청나게 많은 것을 잃고, 그만큼 실망이 클 것이라는 것을 얘기해 주고 싶었는데 아들도 그것을 느끼는 것 같았다. 100일 미션과 테니스를 하며 아들의 숨은 장점들을 조금씩 더 알아가게 되어 기분이 정말 좋다.

테니스는 우리 삶의 일부이지만 우리의 작은 삶인 것 같다.

최고의 공부법은 호기심을 자극하는 것이라고 했다. 나는 다른 사람에 비해 머리가 좋지는 않지만, 호기심이 강하다. 또 중요한 부분에 대해서는 아주 어렸을 적 일까지 기억을 하고 있다. 감정기억이라는 것이다. 내가 테니스 배울 때 다른 사람들에게 항상 감사하며 그 사람들이 기대하는 것 이상으로 열심히 했었다. 그래야 그 사람들이 보람을 느끼며 더 열심히 가르쳐 줄 것이라고 생각했기 때문에 그렇게 했고, 항상 옆 사람들이 나를 챙겨 주었다. 그래서 나의 실력은 다른 사람들에 비해 훨씬 더 빨리 발전했다. 선순환이다.

나에게 모든 것을 가져다준 공무원이라는 직업과 내 인생의 최고의 동반자인 내 아내와 함께 평생 건강과 행복, 성장과 성취감을 주는 테니스라는 취미는 내가 살면서 가장 잘한 선택 중의 하나다. 나는 일과 배우자와 취미라는 인생 삼총사를 최고로 잘 선택한 것이다.

호기심과 감정기억보다 더 좋은 것이 다른 사람을 가르치는 것이라고 했다. 가르치는 일은 쉬운 일이 아니다. 실력은 기본이고 많은 인내와 배려가 있어야 가능하다. 그래서 많은 사람이 자기보다 못하는 사람과는 게임을 하기 싫어한다. 이겨도 그렇게 성취감이나 재미를 느끼기 어렵기 때문이다. 가르치는 것도 재미없다. 나는 열심히 하면서 상대가 치기 쉽도록 해주는데 못하는 사람들은 최선을 다하더라도 내가 하기 어렵고 힘들다. 못하는 사람과 처음 게임을 하면 그 후의 다른 게임을 망치는 경우가 많다. 누가 옆에 있느냐에 따라 내 운명이 바뀌듯이 그날 게임을 어떻게 하느냐에 따라 충만한 하루가 되느냐 그렇지 않느냐가 결정된다. 우리의 삶이 그렇다. 사람들은 자신에게 도움이 되고 편한 사람과 함께 하고 싶어한다. 아랫사람 가르칠 때도 그 사람이 열심히 하고 감사함을 느끼면 가르쳐 주고 싶지만, 열심히 하지도 않으면서 감사함도 느끼지 않는다면 정말 해 주기 싫다. 그래도 아들은 나에게 가장 소중한 사람이기 때문에 아들에게 가장 소중한 습관과 취미가 될 수 있도록 그런 불편함을 이겨낸다. 그런데 그것이 나에게도 큰 도움이 되고 있다. 소중한 사람에게 가장 잘해 주겠다는 생각으로 게임할 때보다도 공 하나하나에 더 집중하고 열심히 했더니 요즘 나의 테니스 실력이 향상되어 가고 있다. 아들과 함께하는 시간도 감사하고, 아들이 자신감을 느끼고 실력이 향상되는 것을 보는 것도 행복한 일이지만, 나의 발전이라는 예상치 못했던 일이 일어나고 있는 것이다. 그럼으로써 아들과의 시간을 낭비하는 시간이 아닌, 오히려 확대 재생산하는 시간이 되고 있는 것이다. 테니스를 하며 나는 이런 것들을 깨닫게 되었고 나를 도와준 사람들에게 감사하는 마음이 더 들었다. 깨달음은 행복을 가져다준다.

 **엄마 김덕아 감상문**

매일 재미있는 글을 읽을 수 있게 의식 일기를 써 주신 당신 감사해요….^^
아들의 미래가 궁금해져요…. 어떤 사람이 될까….
변해 가는 아들, 당신이 있어서 다행이고,
'역시 아빠를 닮았구나'라는 생각이 듭니다.
감사해요 여보!

 **딸 이현지 감상문**

나도 아빠에게 무언가를 배울 때마다, 아빠가 참 잘 가르쳐 주신다는 것을 느낀다. 그리고 배우는 입장에서 마음이 편해지고, 감사하게 해 주는 것을 느끼기도 한다. 학원에서 운전면허 연습을 할 때 잘하지 못하니까 혼나서 불편하고 모르는 것도 제대로 물어보지 못한다. 석현이가 아빠에게 무언가를 배울 수 있어서 참 좋겠다는 생각이 들고 아빠도 석현이를 가르칠 수 있어서 참 다행이다. 둘이 같이 배우고 가르치니 시너지 효과가 잘 나타나는 것 같다.

## 하고자 하는 사람은 방법을 찾고, 하기 싫은 사람은 핑계를 찾는다

오우~ 벌써 한 달을 했네? 대단하다.

코트에 도착해서 아들이 클레이(흙) 코트에서 하면 안 되냐고 물었다. 운동 끝나고 코트 정리하면 된다고 했다.

오늘도 아들은 자신의 실력을 테스트해 보는 것 같았다. 일부러 어려운 자리에서 더 많이 뛰며 공을 쳤다. 나는 하나라도 더 넘겨주기 위해 최선을 다했지만, 시계를 자주 볼수록 언제 그만하자고 할지 불안하고, 기분이 좋지 않았다. 더 열심히 잘했으면 하는 기대가 크기 때문일 것이다. 한참 후에 아들은 "아빠 마지막 1개만 해요"라고 했다. "그래"라고 말하고 깔끔하게 마무리했다. 어제 내가 차를 군청에 두고 가서 오늘은 5분 정도 운동을 적게 했다. 오늘은 '별로'였다고 하지 않을까 걱정하면서 공을 주우며 물었는데 그런대로 잘 맞았다고 했다. 아마 새로운 도전을 했기 때문에 느끼는 만족감일 것이다. 자신에게 맞게 도전하는 것만으로도 행복하다는 것이다.

"아빠~ 오늘 여기서 하니까 훨씬 더 힘들고 빡셌어요. 아빠도 오늘 훨씬 빡세게 하시는 것 같던데요?"

"그랬냐? 왜 그랬을까?"

아들의 생각과 말을 끌어내기 위한 질문이었다.

"인조 구장은 공이 규칙적으로 오는데 여기는 바닥이 안 좋으니까 불규칙 바운드가 더 많고, 더 미끄러웠어요."

"아~ 그랬구나. 흙에서는 불규칙 바운드가 많아~ 그리고 바닥이 안 좋을 때는 완전히 예측하기 어렵고 미끄러져 넘어져서 무릎이 까질 때도 있다?"

"아 그래요?"

아들이 느끼는 지금의 어려움은 아주 사소하기 때문에 빨리 이겨내라는 의도로 얘기를 해 줬다.

"석현아~ 아까 하는 것 보니까 가운데서 하는 것 같더라?"

"네~"

"왜?"

"더 뛰면서 해 보고 싶었어요"라고 웃으며 말했다.

더 어려운 것을 해내고 싶었고, 더 열심히 하고 싶었고? 혹시 나에게 보여 주고 싶었을지도···. 그 표정은 스스로 어려운 것을 도전했다는 감정 포만감? 자신감? 내가 그것을 알아주니까 기분 좋아서? 아들은 그것을 내색하지 않았지만 스스로 대견해하는 것이었다. 어렵지 않으면 재미없다.

아르바이트할 때 테니스 책을 가져갔는데 사장님께서 관심 있게 물었다며 "사장님께서도 테니스를 하고 싶어 하지 않을까요?"라고 물었다.

"그래~ 그런데 사장님 연세에는 좀 늦지 않았을까?"

"혹시 사장님도 젊었을 때 하시지 않았을까요?"

"아 그럴 수도 있겠구나?"

아르바이트할 때 사장님께 물어보겠다고 했다. 사장님께서 테니스에 관심을 보여 준 것만으로도 자신이 테니스를 한다는 것에 대해 자랑스러워하는 것 같았다.

"석현아~ 최고의 아부가 뭔지 아니? 그 사람이 좋아하는 것을 좋아해 주는 거야"라고 했더니 아들은 이미 다 알고 있다는 듯 "누구나 다 그렇죠"라고 말했다.

"오~ 고래?"라고 농담 석인 말로 웃으며 칭찬해 줬다.

우리 코트가 대한민국에서 손꼽히는 좋은 코트고, 그 이유는 큰아빠 집 위에 사시는 분이 항상 관리해 주시기 때문이며, 그분 나이가 74세인데도 테니스를 정말 잘하신다고 했더니 놀라워했다. 테니스가 좋은 운동이고 나이 많이 먹고도 할 수 있는 운동이라는 것을 알려 주기 위해서였다.

아들이 예상치 못한 말을 했다.

"아빠~ 자신은 자신이 부지런한지 모르는데 다른 사람들이 봤을 때는 엄청 부지런한 경우가 있는 것 같아요."

"맞아~"

'이 말은 무슨 의미일까? 그 어르신이 부지런하다는 얘기인가? 아들도 다른 사람들에게 그렇게 칭찬을 듣는다는 자랑일까?' 궁금했지만 묻지 않았다.

자동차는 속도에 맞게 기어를 넣어야 한다.

처음에는 1단으로 출발해야 움직이지, 5단을 넣으면 출발하지 못한다. 속도가 증가할수록 2단, 3단, 4단, 5단으로 높여 주어야 차에 무리가 가지 않고 원활하게 움직인다. '아들은 지금 출발 단계이기 때문에 1단 기어를 넣어야 하는데 나는 2단이나 3단의 속도를 내길 기대하지는 않는가? 아들은 속도에 맞게 적당한 기어를 넣고 있는데 나만 조급해서 무리한 것을 바라지 않는가?'라는 생각을 하며 아들은 잘하고 있으니까 용기를 주고, 칭찬하고 도와주며 지켜보기로 했다.

나는 테니스를 하면서 나 자신에게 깜짝깜짝 놀라는 경우가 많았다. 정말 어렵고 못 할 것 같은 경우에도 포기하지 않고 최선을 다하다 보면 살려 내는 경우가 있었다. 그럴 때마다 '나에게 이런 초인적인 능력이 있었구나!'라고 놀랐다. 인간은 자신의 능력의 10%밖에 사용하지 않는다고 한다. 스스로가 한계를 정해 놓고 그 이상의 요구가 들어오면 두려워서 포기해 버리기 때문이다. 나의 삶도 그랬다. 그런데 좋아하는 테니스를 하면서 내 속에 숨어 있던 초인적인 잠재 능력이 튀어나오는 경우가 자주 있었다. 하고자 하는 사람은 방법을 찾고, 하기 싫은 사람은 핑계를 찾는다.

나의 별명 중에 '초긍정'이라는 별명이 있다.

처음 그 말을 들었을 때는 어색하고 부끄러웠는데 여러 번 들으니까 기분이 좋고 '내가 이런 사람이구나. 그래도 잘 살아왔구나'라는 생각을 했다. '모든 것에 절대 긍정'을 하면서 나의 운명이 완전히 바뀌었다. 어떤 상황에 부딪혔을 때 내 생각과 감정이 '아니다'라고 거부를 하더라도, 의식적으로 '예'라고 대답한다. 그리고 책임감 때문에 '예'를 만들기 위해 최선을 다했다. 80% 정도는 쉽게 해결되었고, 10% 정도는 조금 더 노력하면 가능했고, 5%정도는 최선을 다하면 가능했다. 5% 정도는 안 되는 경우도 있었다. 그렇게 최선을 다한 후에 '이렇게 했는데 이래서 곤란하네요'라고 하면 상대는 나를 무척 좋아해 준다. 자신도 어려우리라는 것을 알고, 자기 일처럼 최선을 다해 준 것에 감사하다고 한다. '정답'이 아닌 '명답'을 만든 것이다. 나는 100%를 모두 명답으로 만들었던 것이다. 이 얼마나 놀라운 비밀인가?

나의 자존감~ 내 몸속 피 흐르는 속도가 10배는 빨라지고 온몸이 뜨거워진다. 기적이 일어난 듯한 그런 느낌이다.

'그럴 때 느끼는 그 쾌감~ 그 행복감~ 아시나요?'

나는 그것을 깨달은 것이다. '아니다'라고 말하는 순간 나의 인격과 행복 자산은 '0'이 아닌 '-'가 되고, 다른 사람들도 기분이 좋지 않았을 텐데 '예'라고 대답했을 때의 행운과 기적, 성취와 성공, 행복은 언어로 표현할 수 없을 만큼 어마어마한 감동을 준다. 한 번의 성공은 다른 성공의 디딤돌이 되었다. 몇 번을 하고 몇 년을 하면서 내 인생의 수만 배의 가치를 만들어 주었다. 내 삶에서 가장 소중한 습관이 되어 나와 가족, 주변 사람들을 행복하게 해 주었다.

전에는 몰랐는데 요즘 미션을 하면서 아들이 다른 아이들에 비해 도덕적으로 훌륭하고, 바른 생활을 한다는 것을 느꼈다. 그동안 아들에 대해 불안해했었는데 그 걱정을 없애 주었다. 아들은 자신의 잠재 능력을 스스로 시험하고 느끼고 감동하며 긍정적으로 변해 가고 있다. 요즘 다른 사람들에게 애들이 아빠를 많이 닮았다는 얘기를 자주 듣는다. 아들과 나에게 이 말보다 더 좋은 칭찬이 어디 있겠는가?

'아들 머릿속에 뭐가 들어 있을까? 도대체 아들의 잠재 능력은 어느 정도일까?' 정말 궁금하다. 요즘 내 삶의 대부분은 아들 얘기다. 테니스 일기와 감사 일기를 쓰는 것이 가장 행복한 일이다. 하루하루 지나며 아들의 자신감과 자존감은 테니스 실력만큼이나 커져 가고 있다.

집에 돌아와서 우리는 몸무게를 쟀다.

나는 63.8kg, 아들은 76.3kg이었다. 아들은 미션 44일 만에 목표의 50%를 해낸 것이다.

"오~우, 대~단한데?"라고 감탄해 주었다.

아들도 오지게 놀라며(환하게 웃는 모습을 상상해 보시라…) "저울이 잘못된 것 같애…"라면서 2번, 3번 올라가 보았다.

보기 싫지 않고 듣기 싫지 않을 만큼의 자만심 표현? 남이 감동해 주는 것도 정말 좋지만 자신에게 감동한다는 것은 세상 무엇과도 바꿀 수 없는 행복이다.

글을 쓰면 정말 기분이 좋다. 가장 친한 사람과의 진솔하고 가슴 따뜻한 대화를 하는 듯한 충만감을 느낀다. 나를 나로 봐 주는 그런 대화다. 글을 쓰면 엄청난 가치가 생기고 자산이 축적된다. 그동안 소홀했던 글쓰기를 미션 수행, 테니스 일기를 쓰면서 다시 하게 되어 얼마나 좋은지 모르겠다.

## 자부심도 오기도
## 성장을 몇 단계 뛰게 하는
## 강한 힘이 있다

오늘은 인조 코드로 바구니를 가져갔다.

크레이코트는 불규칙 바운드도 많고 미끄러워 더 어려웠다고 해서 더 묻지 않았다. 아들은 위험한 것보다는 안전한 것을 좋아한다.

오늘도 강약을 조절하며 열심히 했다.

"하나, 둘, 셋, 다섯, 여섯, 아~ 잘했다. 잘했어. 어려운 것은 그냥 넘기기만 하면 되는 거야! 공 밑을 올려쳐!"

오늘은 열심히 했기 때문에 말을 많이 했다. 힘들어 하지 않으리라는 것을 알지만 공감해 주기 위해 힘드냐고 물었다.

"괜찮아요"라고 예상했던 대답을 해 줘서 기분이 좋았다.

"다섯, 여~덟, 여~얼, 열하~나, 열~두~울, 열~세~엣."

숫자 하나가 더해질수록 내가 느끼는 감동도 크지만, 나는 아들이 기분 좋아지도록, 그리고 더 열심히 하도록 큰 소리로 셌다. 거짓말 조금 보태면 집에서 엄마가 들을 수 있을 정도로 크게 소리를 쳤다.ㅎㅎㅎ 그 소리의 크기만큼 더 집중되고 간절함과 감동이 몇 배 커지기 때문이다.

"열~네~엣, 열~여~섯, 열~일고~옵, 열~아~홉, 스~물, 스~물~하~, 아~하 아깝다. 정말 잘했다. 잘했어. 굿~"

아들을 향해 엄지 척을 해 주었다.

정말 안타까워하며 우리는 웃었다. 실패하지 않으려는 그 모습이 정말 멋지고 아름다웠다. 열정적으로 하는 것은 모두가 아름답다. 아들이 실수해 숫자 하나를 못 늘리는 것도 안타까운데 내가 실수하면 아들한테는 물론이고 나 자신에게도 실망이 클 거라는 것을 알기 때문에 땀이 흘러내려 눈 안으로 들어가도 참고 끝까지 해내야 했다. 노력은 배신하지 않는다. 열심히 한 만큼 더 잘 되었고 감동도 더 컸다. 3일 전에 16개를 성공시켰는데 3일 만에 20개를 성공했다. 또다시 신기록을 세운 것이다. 이 얼마나 감동적인가! 우리가 하나가 되지 않으면 도저히 불가능한 일이다. 내 심장과 혈관의 피는 최고의 무대를 만난 듯 춤을 춘다. 잠재 능력이 터져 나오고, 신기록을 세우면 누구나 그렇듯이 아들도 자신감과 자존감의 탑을 몇 단계 뛰어 올랐을 것이다.

신기록을 세우고도 아들은 한참을 계속했다. 한참 후에 아들은 "아빠~ 마지막 한 개만 해요"라고 했다. "그래"라고 말하고 깔끔하게 마무리했다. 아들은 마지막을 마무리하고 공을 주우며 바구니를 보더니 "아빠~ 오늘은 공을 제일 적게 친 것 같아요"라고 웃으며 말했다. 다른 날보다 더 잘했다는 자랑이었다. 그 의도를 알기 때문에 칭찬해 주었다. 칭찬을 원하는데 해 주지 않으면 기분이 나쁠 것이라는 것을 알기 때문에 반드시 타이밍과 목소리 톤을 높여 정말 잘했다는 칭찬을 해 줘야 한다.

"그래 오늘은 제일 잘했다. 한 개로 여러 번 넘기니까 훨씬 더 긴장되고 힘들지만, 몇 배 더 재미있지?"

"네~"

아들이 말하고 싶지만 하지 못하는 것을 내가 대신 말해 주는 것이다. 이럴 때 사람들은 속이 후련함을 느낀다.

테니스를 배우는 가장 큰 목적 중 하나가 다른 사람들과 게임을 하는 것이다. 어제까지만 해도 나는 아들이 스스로 묻기를 기다렸는데, 오늘은 아들이 잘했기 때문에 그 기세를 계속 이어가라는 의도에서 질문했다.

"석현아~ 너는 언제쯤 게임을 할 수 있을 것 같니?" 아들의 대답이 정말 궁금한 질문이다. '혹시 아무 말 하지 못할까?' '일주일이요.' '한 달이요.' 아들이 어떻게 답을 하건 다른 질문은 하지 않기로 하고 물었는데 다행히 답을 했다.

"한 달 정도?"

"오~ 그래?"라고 농담 섞인 말로 웃으며 반응했다.

'열심히 해서 그렇게 잘할 수 있다는 얘기냐?'라는 칭찬의 의도와 '그렇게 할 수 있을까?'라는 약간 무시하는 듯한 투의 말을 했다. 칭찬하면 자부심이 생기고 자존심을 자극하면 오기가 생긴다. 자부심도 오기도 성장을 몇 단계 뛰게 하는 강한 힘이 있다.

"석현아~ 연습하는 것도 물론 재미있지만, 게임을 하면 정말 더 재밌다? 내가 테니스 처음 배울 때 생활의 제일 우선순위가 테니스였어. 테니스를 하면서 온 몸에 땀이 흐르면 그렇게 기분이 좋더라? 너도 땀의 향기가 얼마나 좋은지 알지? 내 몸의 모든 세포가 태풍 후의 바다처럼 완전히 고요해지는 거야~ 엄마와 연애할 때도 아빠는 테니스를 하고 엄마를 만났단다. 그만큼 테니스가 좋았다는 얘기야."

"네~ 조금은 알 것 같아요."

내 의도대로 아들에게 조금은 자극이 되었을 것이다. 내 생각에는 아들이 그렇게 잘하지 못했다고 느꼈는데도 어제 감사 일기에 '더 열심히 해서 기분이 좋았다'라고 썼었다.

아들은 오면서도 강선이는 방학 중에 연기 학원에 학원비를 내지 않고 계속 다닐 수 있게 되었다는 얘기와 버스비가 많이 든다는 얘기, 또 연극영화과를 재수할 각오를 하고 있다는 얘기도 했다. 물어보지는 않았지만 편의점 아르바이트는 못하게 된 것 같다고 했다.

"석현아~ 네가 편의점 사장이라면 강선이 쓸 거니 안 쓸 거니?"라고 물었더니 아들은 단호하게 "안 쓰죠"라고 했다. 강선이를 좋아하기는 하지만 신뢰가 가지 않는다는 의미다. 역시 정직과 신뢰를 중요하게 생각한다는 얘기다. 우리는 집에서 출발하기 전에 몸무게를 재고, 돌아와서도 재면서 누가 더 많이 빠졌는지 궁금해한다. 그것도 재밌다.

밥을 먹으면서 우리의 분위기는 정말 좋았다.

"여보~ 오늘도 석현이가 신기록을 세웠어. 대단해~"

"아빠~ 전에는 40번을 했잖아요."

"야, 그것은 가까이에서 한 것이고, 이번에는 멀리서 한 거잖아"라고 아들이 잘했다고 느끼도록 새로운 명분을 만들어 주었다.

"아~하"라고 하며 아들은 좋아했다.

엄마도 "오메~ 그랬어? 대단하다"라고 박자를 맞춰 주었다.

"여보~ 아까 우리가 소리치면서 숫자 세는 소리 들었어?"

내가 매일 테니스 일기에 써서 이미 잘 알고 있을 것이라는 것을 알기 때문에 농담했다. 역시나 엄마도 장단을 잘 맞춰 주었다. "들리데 들려~"라고 환하게 웃으며 말했다. 옆에서 듣고 있는 아들도 계속 웃고 있었다.

"석현아~ 너는 내가 숫자를 세는 것이 들리니?"

"들리죠."

"숫자를 세면 좋다? 안 좋다?"라고 약간의 거만함을 섞은 당연한 질문을 했다.

"당연히 더 좋죠."

아들의 기분을 더 좋게 해 주고, 내가 그만큼 열심히 가르쳐 주고 있다는 것을 살짝 칭찬받고 싶은 의도였다.

오늘도 이렇게 테니스 일기를 쓰면서 계속 웃고 있다.

**딸 이현지 감상문**

오늘은 석현이 기분이 정말 좋았을 것 같다.
석현이 의지도 대단했고, 엄마와 아빠가 석현이 기분에 맞춰 주고 띄워준 것도 좋았다. 석현이가 먹을 것까지 이겨 내다니 참 대단하다. 왠지 미션 100일 날 아빠와 석현이 둘 다 미션에 성공하여 과정과 결과 모두에서 결실을 볼 수 있을 것 같아 너무 기대된다.
그리고 초반에는 아빠의 테니스 일기에 우려와 걱정, 인내가 들어있었는데, 요즘은 쓰면서 웃음이 가득하다고 하니 참 좋다. 그 시간이 몇 배로 즐겁고 가치 있을 것이다. 석현이가 신뢰를 중요시하고 그런 신뢰감을 남에게 줄 수 있는 사람이라 정말 좋다. 남에게 신뢰를 줄 수 있는 것은 자신이 가지고 있는 아주 큰 가치이다.

 **엄마 김덕아 감상문**

진짜 이 기쁨을, 이 행복을 어떻게 표현해야 할지….
너무 좋고 행복해서….^^
석현이가 낮잠을 많이 잤고 새벽에 4시에 잠이 들었다고 해서 운동 가기 힘들 것 같아 걱정되었는데, 다행히 미션을 수행할 수 있어서 기뻤어요.
두 사람이 상쾌하고 축축하게 땀에 흠뻑 젖어 오는 모습이 아주 보기 좋았고, 그 덕분에 나도 조금 더 부지런해진 것 같고… 감사.^^
석현이가 농담도 할 줄 알고, 긍정적으로 변하여 이제는 아빠랑 대화가 통하고, 친구가 되어 주니까 정말 든든하고 좋지요?^^
정말 100일 미션을 하고 이 글을 어떻게 책으로 낼 방법이 없을까? 우리 가족만 보기에 너무 아까운 것 같아… 너무 재미있고 좋은데….

오늘도 재미있게 잘 읽었어요.^^

## 세우지 않은 목표는 절대로 달성할 수 없다

오늘은 처음부터 신중하게 했다. 강약을 조절하며 치는 것이 빠른 속도로 공의 성질을 알아가는 것 같다.

"하나, 둘, 셋, 넷, 다섯, 여섯, 아~ 잘했다. 잘했어."

조금 빨리 뛰어서 잘하는 포핸드를 해야 하는데 아직 서투른 백핸드를 했다. 힘들어 그런 건지 새로운 시도를 하는 건지 모르지만 기분이 좋지 않았다.

"석현아~ 빨리 뛰어서 포핸드로 쳐라"라고 말하고는 후회했다. 아들은 새로운 도전을 한 것일 수도 있고, 부족한 부분을 연습하는 것일 수도 있다는 생각이 들었기 때문이다. 그런데 다행히 그 후에는 더 열심히 포핸드로 공을 넘겼다.

"다섯, 일곱, 아~홉, 여~얼 아~아~하, 정말 잘했다. 잘했어. 굿~"을 하며 가끔 엄지 척을 해 주었다. 아들은 내가 숫자를 세는 이유도 알고 내 목소리가 커 가는 것이 '잘하고 있어. 더 열심히 하자. 끝까지 해내자'라는 의미라는 것을 안다.

특별한 발전이 없는데도 칭찬을 하게 되면 당사자는 거짓 칭찬으로 알고 기분이 나쁠 수 있다. 새로운 시도를 했다거나 어려운 것을 해냈다거나, 아주 잘 해냈을 때 칭찬을 해 줘야 그 칭찬이 어색하지 않고 자랑스럽게 느껴지기 때문이다. 아들도 내 말과 감동의 엄지 척을 보고 기분 좋아했다.

한참 후에 아들은 "아빠 마지막 1개만 해요"라고 밝은 목소리로 말했다. "그래"라고 말하는데 아들의 태도가 달라졌다. 뭔가를 해내고야 말겠다는 굳은 다짐을 하는 듯했다.

"다섯, 일곱, 아~홉, 여~얼, 열~하~나, 열~두~ 아~ 아~하, 정말 아깝다. 정말 잘했다. 잘했어. 굿~"을 하면서 깔끔하게 마무리했다. 아들은 생각만큼 잘 해내서 무척 좋아했다.

세우지 않은 목표는 절대로 달성할 수 없다. 목표를 세우면 훨씬 집중하고 노력하게 된다. 오늘은 바구니의 공을 거의 사용하지 않고 잘해서 내가 칭찬해 주고 싶어 말했다.

"석현아~ 바닥에 있는 공이 몇 개 정도 되겠니?"

공을 여러 개 치지 않고 열심히 잘했다는 의미다. 아들은 대충 세어 보더니 "한~ 100개?"라고 했다. "그래?"라고만 하고 다른 말은 하지 않았지만, 아들은 자신을 칭찬한다는 것을 알았을 것이다. 아들이 공을 주우며 분명히 몇 개인지 셀 것이라고 생각했기 때문에 나도 셌다. 공을 다 줍고 아들에게 물었다.

"석현아~ 몇 개 주웠니?"

"56개요"라고 하면서 나를 보았다. 나는 몇 개 주웠는지 물어보는 것이다.

"나는 31개."

"그럼 87개네요?"

다른 말은 하지 않았지만 잘했다는 얘기였다.

오늘은 어땠냐고 물었더니 잘 되었는데 어제저녁부터 밥을 안 먹어서 배가 고파 힘이 없었다고 했다.

"야~ 뭐든 조금씩 먹으라니까~"

걱정스러운 표정을 하며 말했다.

"어제 밥이 없었어요. 그래서 수박만 먹었어요."

나는 "잉" 하면서 웃기만 했다.

어제 내가 퇴근했을 때 아들은 잠을 자고 있었다. 다른 때 같았으면 뭔가를 하라고 했을 텐데, 미션 수행하며 아들에 대한 믿음이 생겨서 아무 말 하지 않았다. 아들 생활은 전과 크게 바뀐 게 없는데 46일 동안 보면서 믿음이 생겨 요즘은 잔소리를 거의 하지 않는다. 아들 얘기를 하면 누구나 다 '아들 다 키웠네. 걱정 안 해도 되겠네'라고 말해 준다.

아들은 빨리 가지는 않지만, 뒤로 가지도 않는다. 빨리 가서 멈추는 것보다 조금씩 가는 것이 더 행복하다. 성공보다도 성장과 성취가 훨씬 더 중요하다. 결과도 중요하지만 과정에서 얻는 소소한 행복이 훨씬 더 중요하다는 얘기다. 비록 결과는 실패하더라도 이미 하는 과정에서 결과의 성공보다도 엄청나게 큰 가치를 얻었다.

오늘도 이렇게 테니스 일기를 쓰면서 가슴 뿌듯함을 느낀다. 아들을 비롯한 우리 가족의 미래가 멋지게 상상이 된다.
나 자신에게 칭찬하고 싶다. 이래도 되나?

 **엄마 김덕아 감상문**

'빨리 가서 멈추는 것보다 조금씩 가는 것이 더 행복하다'는 말, '성공보다도 성장과 성취가 훨씬 더 중요하다'라는 얘기, '결과도 중요하지만 과정에서 얻는 소소한 행복이 훨씬 더 중요하다'는 내용, 오늘도 소중하고, 소소하고 재미있는 얘기들… 잘 읽었어요…^^
시간이 지나고 난 뒤, 우리 가정 안에서 이런 행복했던 순간들이 있었다는 것, 이런 과정들이 있었다는 것 자체만으로도 당신 덕분에 행복하고 추억을 남기게 되어 감사하고 아들 가슴속에 성장 과정이 잘 자라게 해 주어 감사해요. 아버님…^^

## 어렵지 않으면 재미가 없다

오늘도 기초 운동을 하고 코트로 갔다.

클레이 코트에서 한 번 하고는 어렵다며 안 했었는데 그곳에서 하자고 했다. '왜 여기서 하자고 하지? 어려운 것을 도전해 보고 싶은 걸까?'라고 생각하며 속으로만 좋아했다. 날마다 새로운 시도를 하고 터득해가는 모습이 나를 기쁘게 한다. 이제는 계속 바구니를 먼 곳으로 가져다 놓는다.

"셋, 넷, 다섯, 여섯, 아~ 잘했다. 잘했어. 오~우 좋은데?"라고 칭찬을 했더니 아들은 대단찮다는 듯이 피식 웃었다.

나는 처음부터 기분이 좋아서 더 열심히 했다. 오늘은 움직이는 것도 달랐고, 예상했던 것보다 더 신중하게 했다.

"좋아, 좋아, 굿, 잘했다. 잘했어. 석현아~ 어려운 것은 강하게 하지 말고 그냥 밑에서 높이 올리는 거야?"라고 하자 알았다는 듯 고개를 끄덕였다. 한참을 하다가 아들이 말했다.

"아빠~ 서브를 게임하는 것처럼 강하게 넣어 주세요."

깜짝 놀랐다. 자신이 생겼는지 더 어려운 것을 요구한 것이다. 내가 시켜서가 아니라 스스로 어려운 것을 선택하고 시도한다는 것이 얼마나 아름다운가! 내가 의도적으로 서서히 넣어 준다는 것을 아들도 알고 있었다는 것이다.

"그래? 좋아. 잘 받아라~" 아들도 웃고 나도 웃었다.

아들은 굳은 각오를 하는 듯 준비를 단단히 했다. 순간 나는 또 고민했다. '정말로 강하게 넣어서 아들에게 테니스가 어렵다는 것을 알려 주는 것이 좋을까 아니면 조금 전보다 약간만 더 강하게 해서 아들에게 해냈다는 자신감을 키워 주는 것이 좋을까?'를 계속 생각했다. 어려울수록 성취의 기쁨이 더 크다는 것을 알려 주기 위해 강하게 했다. 강한 서브에 아들은 거의 치지 못했지만 열심히 했다. 굳은 각오로 준비를 했는데도 안 되니까 아들이 웃으며 아까처럼 해 주라고 했다. 아들은 자신의 잘못을 인정할 줄 아는 진정한 용기를 가진 대단한 친구다. 핑계 대는 비겁함보다 실수를 인정하는 것이 훨씬 더 용기 있는 행동이라는 것을 알고 실천하는 사람이다. 이런 사람이 옆에 있으면 항상 행복하다.

다시 시작했을 때 아들은 더 잘했다.

"여섯, 여~덟, 여~얼, 오~우. 잘한다. 잘해, 열~하~나, 열~두~울, 열~세~엣, 열~아홉, 스~물, 와~ 잘한다."

지금까지 20개가 최고였는데 그것을 깼다. 나는 숨을 쉬지 못할 정도로 큰 소리로 숫자를 세며 신중하게 했다.

"스~물~하~나, 스물~세~엣, 스물~다~섯, 스물~여~섯, 스~물~일~고~ 아~ 아깝다. 정말 잘했다. 잘했어. 굿~대단해"라고 하면서 엄지 척이 아니라 승리의 두 팔을 올려 보여 주었다. 아들은 2~3일에 한 번씩 자신의 신기록을 갈아 치우고 있다. 스스로 시도하고 성장해 가는 것을 보는 것은 말로 표현할 수 없을 정도로 행복하다. 자존감이 낮다고 말했다는 것이 상상이 안 간다. 원래 활달하고 운동을 잘하는 아이였다면 이런 성취감을 느끼지 못했을지도 모른다.

숨쉬기를 몇 번 하고 우리는 계속했다.

오늘은 아들이 다른 때보다도 힘들어하는 행동을 덜 했다. 그만큼 실력과 체력이 늘었다는 얘기다. 노력의 결과다.

"셋, 다섯, 여섯, 아~ 굿, 좋았어. 잘했다. 잘했어."

한참 후에 아들은 "아빠~ 마지막 1개만 해요"라고 했다.

"그래"라고 말하고는 2개를 들었다가 다시 1개만 들고 아들에게 보여 주었다. 얼굴에 자신감이 넘쳤다.

"여섯, 여~덟, 여~얼, 오~우. 좋아~ 잘한다. 열~하~나, 열~두~울, 열~다~섯, 열~여~서~ 아~하, 정말 아깝다. 정말 잘했다. 잘했어. 굿~"을 하며 주먹을 쥐고 손을 들어 보여 주었다. 그리고 깔끔하게 마무리했다. 아들은 조금 아쉬워하는 표정이었으나 더 하자고는 하지 않았다. 마지막 감사의 인사를 하고 자신을 칭찬하는 듯 만족스러운 표정을 지었다. 잘하면 좋아하고, 좋아하면 목표를 세우고 목표를 세우면 더 노력하고 더 잘하게 된다. 선순환이 계속되는 것이다.

아들은 스스로 도전하면서 더 잘하게 되고 매일 매일 새로운 목표를 세우고 더 노력한다. 매일 매일 해냈다는 성취감으로 새로운 도전의 기쁨과 행복을 느끼며 '도전'이 '새로운 습관'이 된 것 같다. '목표를 세우는 습관!' '새로운 도전의 습관!' 이보다도 더 미래 가치가 있고 발전 가능성이 선명하게 보이는 것이 어디 있겠는가! 다이아몬드 같은 보물을 누구도 훔쳐 갈 수 없게 아들은 자신의 가슴과 세포에 차곡차곡 쟁이고 있다. 아니 아무리 많이 주어도 없어지지 않고 더 커지게 된다. 아침에 일어나기 싫은 나를 달래서 나온 것이 정말 잘했다는 생각을 했다. 나오지 않았다면 이런 감동을 어떻게 느낄 수 있었겠는가! 남에게 느끼는 감동보다도 훨씬 크고 오래가는 것이 자신에게 감동하는 것이다.

"석현아~ 오늘은 어땠니?"

"그런대로 잘된 거 같아요."

당당하게 잘했다고 할 줄 알았는데 아들은 조심스럽게 말했다. 자신감이 지나치면 교만해지는데 아들은 그것을 안다. 교만한 사람보다는 겸손한 사람을 더 좋아한다는 뜻이다.

공을 다 줍고는 내가 운동장 정리를 하는데 아들은 바로 들어가 버렸다. '나와서 정리하라고 할까?' 생각하다가 오늘은 내가 하고, 집에 가면서 얘기를 해야겠다고 생각했다. 돌아오는 차에서 아들은 얘기를 계속했다.

"아빠~ 강선이 있잖아요?"

"응."

"…"

단어가 잘 생각이 안 나는 것 같아 머뭇거리길래 "아르바이트? 연기?"라고 최근에 했던 얘기를 했다.

"아뇨? 강선이 친구 아는 동생이 고2인데 PD가 꿈이래요."

"오~ 그래?"

"그 친구 소개받았는데 나중에 같이 영화 찍기로 했대요."

"오! 그래? 잘됐네?"

강선이가 잘됐다고 한 말이었기 때문에 공감해 주었다.

"그 친구는 이미 30분짜리 단편 영화도 찍었고 혼자 공부해서 컴퓨터로 편집도 다 했대요. 그리고 시나리오도 30페이지 이상 써 놨대요. 대단하죠?"

"오~ 대단하다. 그 친구는 어린데도 참 대단하네? 역시 확실한 목표가 있으니까 그렇게 되는구나!"

아들에게 목표가 얼마나 중요한지를 알려주기 위해 한 말이었다. 아들은 명석하고 현명하기 때문에 나의 의도를 알았을 것이다.

**엄마 김덕아 감상문**

어제 석현이가 아르바이트하고, 친구 집에서 놀다 새벽 4시에 들어왔어요.
얼른 씻고 2시간 눈 붙이고 운동하러 가라고 했는데, 그 2시간을 핸드폰 만지고 음악 듣느라고 자지 않아 신경 쓰였는데, 그래도 일어나 미션을 수행할 수 있어서 다행이에요.
또 열심히 했다고 하니 더 기쁘고 기분 좋은 일이네요.
이제는 피곤해도 미션을 수행해야 한다는 것이 머릿속에 입력되어 본인이 해야 할 것은 할 줄 알고 있기에 하려고 애쓰는 모습도 예쁘고.
당신도 아들도 예쁘고 사랑스러워요….^^

## 신뢰를 잃으면
## 모든 것을 잃은 것이다

   기초 운동을 하고 몸무게를 쟀는데 아들이 어제보다도 1kg 더 많이 나왔다. 야식 먹었냐고 했더니 아들은 부정하지 않았다. 이미 반성하는 듯한 목소리여서 지적하지 않고 "야, 3만 원 내~"라고만 했다. 후회하고 있다는 것을 알기 때문에 전에 약속한 대로 3만 원을 내라고만 하고 코트로 갔다.

   오늘도 회원들이 고기를 먹는다고 해서 여러 사람이 나와 준비를 하고 있었다. 어제는 기대 이상으로 잘해서 기분이 좋았는데 오늘은 아들이 열심히 하지 않으니까 나도 힘이 나지 않았다. 야단을 쳐야 할지 나라도 열심히 해야 할지 고민을 하다 공을 던져 주지 않고 한참 동안 쳐다만 보았다. 칭찬도 하지 않고 숫자도 세지 않고 공을 넘겨주지 않는 그런 상황은 누가 보더라도 내가 화가 나 있다는 것을 알 수 있을 것이다. 아무 말 하지 않는 것이 어떠한 말보다도 강하게 충격을 주는 경우가 있다. 그 순간 아들은 수많은 생각을 했을 것이다. 아들 얼굴을 보니 반성하는 표정이었다. 다시 공을 넣었을 때는 내 의도를 알았는지 훨씬 더 열심히 했다. 아들이 열심히 해서 더 큰 소리로 숫자를 계속 세어 주었다.

"여~덟, 여~얼, 오~우 잘한다. 잘해, 열~하~나, 열~두~울, 열~세~엣, 열~네~엣, 열~다~아, 와~ 잘했다. 잘했어."

채찍의 힘이 적중했다. 한참을 하더니 전과 같이 어려운 것을 도전하기 위해 자리를 옮겨서 쳤다. 한참을 하다가

"아빠~ 5분만 쉬었다 할까요?"라고 했다.

"그래"라고 하고 쉬려는데 아들이 시계를 보더니 "아빠~ 5분만 더 하고 쉬어요"라고 했다. 아직 자신이 정한 시간이 안 되었다는 얘기였다. 아들은 자신과의 약속을 소중하게 생각한다. '신뢰를 잃으면 모든 것을 잃은 것이나 같다'고 했다. '신뢰는 유리 같아서 한 번 깨지면 영원히 회복하기가 어렵다'는 얘기다. 제2의 인생의 출발선에 서 있는 아이들이 인생에서 가장 소중한 것이 무엇인지를 알고 있다는 것이 나를 행복하게 했다. 아들이 생각하는 것을 느낄 수 있었기 때문에 나는 다른 말 하지 않고 하자는 대로 따라 했다.

한참 후에 아들은 "아빠~ 그만하고 쉬어요"라고 했다.

아들은 땀이 많이 흘러 옷이 모두 젖어 있었다.

"물 한잔 먹고 세수하고 올까?"

"네."

휴게실에 가니까 회원들이 막 음식을 차리고 있었다. 그래서 고기를 자르고 있는 분에게 미안하다고 하고 살코기가 많은 갈비 한 쪽을 아들에게 주었다.

"맛있지?"

"네."

"세상에서 제일 맛있을 거야. 식당에서는 이렇게 맛있는 고기 먹기 힘들다?"

그것만 먹을 줄 알았는데 생각보다도 훨씬 많이 먹었다.

"석현아~ 이제 그만 가자~"

중단했던 연습을 다시 하자는 얘기였다.

"네."

게임을 하려면 서브를 넣을 수 있어야 하기 때문에 서브 연습을 하라고 했는데 생각만큼 되지 않았다.

"발 고정하고 집중!" 잘못된 부분을 알려 주었다.

생각만큼 되지 않아 재미가 없었는지 몇 개를 더하더니, "아빠~ 그냥 아까 하던 거 해요"라고 했다. 다른 말 하지 않고, "그래"라고 하고는 공을 넣어 주었다. 어제보다는 못했지만 아들은 차츰 더 열심히 했다. 아들이 어려운 공을 열심히 뛰어 잡으려고 할 때마다 "잘~했어. 그렇게 하는 거야"라고 칭찬을 해 주었다. 아들이 언제쯤 '마지막 1개만 해요'라고 할지 속으로 생각했다. 그런데 갑자기 "아빠~ 이제 그만할까요?"라고 해서 순간 고민했으나 머뭇거리지 않고,

"그래, 그만하자"라고 말하며 인사를 하고 마무리했다. 이것도 아들의 결정이기 때문에 존중하기로 한 것이다.

공을 다 줍고 휴게실로 갔다. 회원들이 더 많이 와 있었고, 모두 고기를 맛있게 먹고 있었다. 아들에게 더 먹으라고 했는데 그만 먹겠다고 했다. 점심때 엄마랑 삼계탕 먹기로 했기 때문에 안 먹는 것 같았다. 집에 오는 길에 "너 삼계탕 먹을 거니?"라고 물었다.

"조금만 먹을래요."

나는 "너 고기 많이 먹었잖아"라고 농담조로 말했다.

"에이~ 저 조금밖에 먹지 않았어요."

내 생각에는 평소 먹는 밥보다 많이 먹었는데 아들은 그렇게 생각하지 않았다. 어제도 야식을 먹었고 오늘도 여기서 먹고 삼계탕까지 먹으면 몸무게가 더 많이 늘 것이라고 걱정하는 말이라는 것을 아들은 알았을 것이다. 어떻게 할지 궁금하다. 확실히 감동이 적으니까 하고 싶은 말도 별로 없다.

그래도 이렇게 테니스 일기를 쓸 수 있어서 감사하다.

내일은 더 잘하고 재미있을 것이다.

# 결과보다는 열심히 하는 과정을
# 감동적으로 칭찬하라

 쉬는 날이라 10시에 가기로 했는데 6시에 화장실을 다녀오니까 아들이 날씨가 더우니까 8시에 가자고 했다.
 어제저녁에 우리 회원이 자기 아들에게 테니스를 가르쳐 주었다. 기본을 가르치지 않고 처음부터 공을 넘겨주었다. 처음이라 우리 아들과는 실력 차이가 좀 났다. 코트로 가면서 자신감을 키워 주기 위해 그 친구 얘기를 했다.
 "석현아~ 영암고등학교 3학년인데 일흥아르디움에 살고, 자기 아버지가 한전에 다니는데 네 친구 아니니?"
 "잘 모르겠는데요?"
 "그래?"
 "어제 그 애 아버지가 테니스를 가르치더라? 처음이라 잘하지는 못했어."
 아들은 내가 하는 말이 '자신감'을 가지라는 의미라는 것을 알았을 것이다.

chapter 03. 문제는 보물이었다    177

아들은 며칠 전부터 핸드폰으로 새로운 게임을 했다. 새로운 도시를 건설해서 인구를 늘리는 게임이라고 했다. 퀄리티가 좋다며 인구를 늘리기 위해 그곳에 의료 기관과 위락 시설, 도로 등을 만들어 많은 사람들이 모여들도록 만드는 게임이라고 했다. 건축에 관심이 있어서 더 재미있어 했던 것 같다. 가는 도중에 다른 말없이 게임을 계속하며 갔다.

어제는 인조 구장에서 했는데 오늘은 클레이 코트로 바구니를 가져갔다. 어려운 것을 시도해 보겠다는 의도다.

오늘은 처음부터 신중하게 하는데도 그렇게까지 잘되지 않았다. 혹시 실망할까 봐 숫자를 자주 세어 주는데도 잘되지 않았다. 중간 정도 했는데 항상 코트 정리를 해 주시는 분이 오셔서 고생이 많다고 해 주었다. 대인 기피증이 있는 것 같은 아들이 다른 사람이 보고 있으면 주눅 들어 더 못할 것 같아 걱정했는데 다행히 더 열심히 했다.

"여섯, 여~덜, 여~얼, 오~우 잘한다. 열~하~나, 열~두~울, 열~네~엣, 열~여~섯, 열~일~ 아, 와~ 잘했다. 정말 잘했다."

아들은 저 멀리 떨어져 있는 공을 살려 내기 위해 최선을 다해 뛰었고 다행히 열여섯을 해냈다. 그것도 다른 사람이 보고 있었는데도 말이다. 내가 걱정한 것은 기우였다. 오히려 다른 사람이 보니까 더 열심히 했는지도 모른다. 공을 잘 칠 때는 "나이스, 굿" 정도로 가볍게 칭찬을 하는데 어려운 것을 성공시킬 때는 내 목소리도 커지고 훨씬 열정적으로 공을 잡아내며 "와~ 굿, 잘했다. 잘했어.

아주 좋아~"라고 최고로 칭찬을 해 준다.

  칭찬에는 '너를 인정한다. 너는 소중한 사람이다'라는 의미가 있다. 잘하는 것보다 중요한 것은 열심히 하는 것이고, 그렇게 열심히 하면 자신보다 내가 더 좋아한다는 것을 느끼게 해 주기 위해서다. 그래서 스스로 강한 동기를 만들어 내고, 감동할 수 있도록 말이다. 잘하는 것보다도 열심히 하는 것이 자신과 나를 동시에 감동시키는 일이라는 것을 알려 주기 위한 것이다. 그렇게 하다 보면 자연스럽게 잘하게 되기 때문에 결과보다는 과정을 훨씬 더 감동적으로 칭찬한다. 사람들은 다른 사람들을 행복하게 해줌으로써 자신은 2배 이상 행복함을 느끼게 된다. 어제의 채찍과 오늘의 칭찬이 아들을 성장시키는 보약이 될 것이라고 생각한다. 이제는 아들도 하루하루 지날수록 포기라는 생각은 이미 없어진 느낌이고, 성공의 그 순간을 매일 상상하는 것 같다. 처음보다는 실수했을 때의 표정이 달랐다. 열심히 했기 때문에 기분 좋은 안타까움이었다. 오늘도 열심히 했지만, 이제는 익숙해지고, 체력도 좋아져서 전보다는 힘들어하지 않았다. 한 가정이 행복하기 위해서는 모두가 잘해야 하지만, 한 사람만이라도 잘못하게 되면 가정 전체가 불행하게 된다. 테니스도 서로가 열심히 해야 훨씬 더 재미있지만, 혼자만 잘해서는 재미가 없다는 것을 알려 주었다.

  아들은 차츰 실력이 늘고 있다. 힘이 좋아서 그런지 그렇게 강하게 치지 않아도 공이 바르게 와서 내가 받기 어려운 경우가 많다. 오늘은 특히 그랬다.

"하나, 둘, 세~엣, 네~엣, 다~섯, 아~ 잘했다. 잘했어."

한참을 하다가 시간이 되었는지 "아빠~ 이제 마지막 할까요?"라고 했다.

"그래"라고 하고 공 3개를 더 했다.

"석현아~ 네가 공을 잘 맞히게 되면 공이 엄청나게 빨리 온다? 그러면 내가 받기가 어려워져~ 내가 스윙을 하지 않고 라켓에 맞히기만 하는 것 봤지? 공이 땅바닥에 맞는 순간 가속도가 붙기 때문에 스윙을 하면 정확히 맞히기가 어렵거든?"

오늘 새로운 신기록을 경신하지 못한 것이 우리가 못해서가 아니라 그만큼 아들 실력이 좋아졌기 때문이라는 것을 칭찬하려는 의도였다. 아들도 알았을 것이다.

"그럼 어떻게 해야 해요?"

아들도 기록 경신을 하지 못한 것이 약간 서운한 모양이다.

"열심히 할수록 실력이 좋아진다는 것이기 때문에 계속 그렇게 하는 거야."

"……."

"석현아~ 요즘 테니스 어때?"

오늘의 기분이 아닌 테니스에 대한 아들 생각을 알고 싶어 물었으나 미사여구나 감탄의 표시 없이 담백하게 "좋아요"라고만 말해 약간 서운했다. 그래도 싫증내지 않고 계속 재밌어하고 실력이 커져 가는 것이 기분 좋았다. 집에 도착하니 아내가 일어나서 우리를 보고는 "벌써 하고 왔어?"라고 물었다.

"네."

"몇 시에 갔는데?"

"7시 55분에 일어나서 갔어요."

"오~ 그렇게 빨리?"

"일찍 일어나는 새가 먼저 먹이를 잡는다!"라고 아들은 웃으면서 자신이 부지런하다는 말을 속담과 농담으로 엄마한테 자랑한 것이다. 엄마도 그 의도를 알고 웃었다.

"오~ 우리 아들~ 역시~ 대단해"라고 장단을 맞춰 주었다.

이 얼마나 아름다운 광경인가!

샤워하려는데 코트 정리를 하지 않고 왔다는 것이 갑자기 생각났다.

"오메~ 코트 정리 안 하고 왔다?"

"오메~ 어떻게 하죠?"

아들 눈빛을 보니까 하기 싫은 것 같았다. 옆에 있던 엄마가 "얼른 가서 하고 와~"라고 했다. 나는 할 것인가 말 것인가를 순간 고민했다. 혼자였으면 안 갔을 텐데 아들에게 예의를 가르쳐야겠다는 생각에 가자고 했다. 차를 타고 다시 가는데 아들은 계속 핸드폰으로 게임만 했다. 그만큼 우리의 대화 시간이 줄어든다는 생각에 어떻게 하지 말라고 할까 고민하다가 조심스럽게 말했다.

"석현아~"

"네."

"부탁이 있는데…."

그때 아들은 이미 무슨 말을 할지 알았을 것이다.

"뭐요?"

"나와 같이 있을 때, 핸드폰 안 보면 안 되겠니?"

조심스러운 말투로 명령이 아닌 간청을 했다.

"네"라고 간결하게 말하고는 핸드폰을 보지 않았다. 그렇지만 분위기는 조금 어색했다.

코트에 도착해서 아들에게 말했다.

"석현아~ 코트 정리 너 혼자 해라?"

"네?"라고 웃으면서 약간 불만이라는 투로 말했다.

"원래 코치는 가르치기만 하는 거야. 그런데 아빠는 가르치면서 공도 줍고 코트 정리까지 하잖아?"라고 웃으며 말했다.

이제는 아들이 테니스에 재미를 붙인 것 같아 기분 좋을 때마다 기본적인 것을 하나씩 가르친다. 아들은 혼자 했지만 싫은 표정은 아니어서 다행이었다. 오는 도중에 핸드폰을 보지 않았고 다른 얘기를 계속해서 기분이 좋았다.

오늘도 이렇게 테니스 일기를 쓸 수 있어서 흡족하다.

**딸 이현지 감상문**

오늘 다른 아저씨가 자기 아들에게 테니스를 가르쳐 주는 모습을 보며 아빠도 석현이도 '아빠가 다른 아빠보다 멋지다'는 것을 또 한 번 생각했을 것이다. 석현이가 잘 배우고 있다니 좋다. 오늘 코트 정리를 까먹고 하지 않아 다시 가서 정리한 것도 참 좋은 일인 것 같다. 석현이가 다른 사람 앞에서도 주눅 들지 않고 잘해내서 좋다. 앞으로도 석현이가 남들과 좀 더 잘 어울릴 수 있었으면 좋겠다. 오늘 먼저 운동을 나가자고 아빠한테 말해 준 동생이 대견하다. 요즘 아빠와 동생이 부지런하게 살아서 너무 좋다.

 **엄마 김덕아 감상문**

동화 같은 얘기….

오늘도 즐겁고 재밌게 잘 읽었어요.

아들을 좋은 사람으로 성장시키기 위해 노력하시는 아버님, 고생 많으십니다. 당신이 있었기에 먼 훗날 훌륭한 아들이 세상에 나가서 빛을 내며 살리라 믿어 의심치 않습니다.

피곤하다는 핑계로 가끔은 나가고 싶지 않고, 더 자고 싶을 때가 많을 텐데 그것을 이기고 미션 수행하는 아들과 아버지가 자랑스럽고 부럽습니다.

세상에 어떤 부자가 또 이렇게 지내고 있을까 싶습니다.

이것을 통해 우리 가정은 더 많은 것을 얻고, 배우고, 제일 소중한 것이 무엇이고 행복함이 무엇인가를 배워나감에 감사할 따름입니다.

이 모든 것이 당신 덕분입니다.

한 주간도 파이팅!

사랑해 여보!

## 세상에 공짜는 없다

100일 미션 50일, 테니스 36일 성공했다. 와~ 우리가 대~단하다.
아들은 핸드폰으로 게임을 하지는 않았지만, 여전히 말이 없었다. 이것도 이제 일상이 된 것 같다. 오늘도 처음부터 그렇게까지 잘되지 않았지만, 열심히 했다.
"여섯, 여~덟, 여~얼, 오~우. 잘한다. 열~두~울, 열~네~엣, 열~다~서~ 아, 와~ 잘했다. 잘했어. 정말 잘했다."
아들은 저 멀리 떨어져 잡기 어려운 공을 뛰어가 잡아냈고, 열다섯을 해냈다.

시간이 지날수록 아들은 새로운 도전을 했다.
어제부터 발리(땅에 떨어지기 전에 공을 치는 것)를 시도했는데 오늘도 여러 번 했다. 대부분 안 되었지만 한 번 성공할 때마다 무척 좋아했다.
"잘했다. 잘했어. 그렇게 하는 거야. 치는 게 아니라 각을 잡고 대는 거야."

"네."

아마 빨리 게임을 하고 싶어서 여러 가지를 시도하는 것 같다. 역시 새로운 것을 얻어야 감동이 생긴다. 우리 동호인들은 대부분 테니스를 취미로 갖게 된 것이 인생에서 가장 잘한 선택이라고 한다. '내가 테니스를 안 했으면 저녁에나 쉬는 날에 뭐 했을지 갑갑하다'고 하는 사람도 있다. 나이를 먹어갈수록 시간이 없을 때는 아무 생각이 안 드는데, 많으면 내 시간이 아무런 가치가 없는 것 같아 불안하고 잡생각이 들고 허탈감이 밀려온다. 그런데 나는 테니스를 하기 때문에 하루하루를 재밌게 보낼 수 있어 좋다.

"셋, 넷, 다섯, 여섯, 아~, 굿, 굿, 잘했다. 잘했어."

여전히 실수할 때마다 안타까워했지만, 그래도 처음 표정과는 다른, 열심히 했다는 기분 좋은 안타까움이었다. 한참을 하다가 시간이 되었는지 "아빠~ 1개만 더 해요"라고 했다.

"그래"라고 하며 공 1개를 들었다. 여전히 아들은 마지막에 최선을 다했다.

"네~엣, 다~섯, 여~섯, 일~고~ 아, 잘했다. 잘했어"라고 하고는 아들 표정을 봤는데 흐뭇한 미소를 짓고 있었다. 오늘도 '만족(?)스럽다'는 의미다.

공을 다 줍고 아들은 코트 정리를 하지 않고 휴게실로 들어가 버렸다. 불러서 하라고 해야 할지 말지 고민했다. 내가 하는 것을 보면 나올 것이라고 생각하고 말하지 않았다. 혼자 하면서 간절히 기다리는데 반을 정리해도 나오지 않았다. '어떻게 하지?' 나의 갈등은 계속되고 기분이 점점 안 좋아져 갔다. 휴게실을 여러 번 쳐다보는데도 나오지 않았다. 2/3 정도 되었을 때는 포기하고 야단을 쳐야 할지 말지 고민했다. '그래 오늘은 그냥 넘어가고 다음에 자연스럽게 말하자'라고 생각했다. 코트 정리를 마치고 휴게실로 들어가니까 아들은 내가 고민한 것이 무색할 정도로 아주 태연하게 달력을 보고 있었다. 전에 내가 미션 100일째가 9월 22일이라고 했었는데 그것이 궁금했던 것이다. 숫자를 다 세고는 "아빠~ 9월 17일이 미션 100일째에요"라고 말했다. 내가 잘못 알고 있다는 얘기였다. "아~ 그래?"

나는 기분이 좋지 않는데 전혀 분위기 파악을 하지 못하고 딴청피우는 아들이 괘씸했지만 꾸~욱 참았다. 전에는 아이들이 잘못하면 그 자리에서 야단을 쳤다. 무엇을 잘못했는지 느낄 때 설명해주고 고치도록 해야 효과가 있지, 시간이 지나서 야단을 치면 약발이 안 선다. '언제 적 일을 가지고~'라고 생각하며 반성하기보다는 오히려 반항심이 생길 수 있기 때문이다. 그런데 나는 오늘 그렇게 하지 않았다. 왜 그랬을까?

나의 감정을 들여다보았다.

옳고 그름의 문제는 이미 넘었다. 감정과 관계의 문제다.

아들 기분을 상하게 할 필요가 있는가?

아들의 인성에 대해 신뢰가 있는가?

아들의 장래에 대해 믿음이 있는가?

아들이 반항아인가?

아들은 스스로 문제를 고치는 사람인가?

전에는 이런 것들이 불안했었는데 미션을 수행하며 이 모든 것들이 사라졌다. 아들은 나에게 엄청난 믿음을 준 것이다.

세상에 공짜는 없다.

아들은 약속과 예의를 중요하게 생각하고, 책임감이 강한 사람이다. 그리고 아직까지 나에게 한 번도 반항한 적이 없다. 아들이 나에게 보여 준 것을 나는 배신할 수가 없다. 결론적으로 아들이 그것을 고치기만 하면 되는 것이다. 그래서 다음에 기분이 좋을 때 자연스럽게 고치도록 할 계획이다. 지금까지 나는 내가 선택한 것을 실패로 만든 경우가 별로 없다.

 **엄마 김덕아 감상문**

역시나 재밌네요…^^

요즘 우리 가족이 이 맛에 사는 것 같아.

지금 생각해 보면 결혼하고 자기가 맨날 테니스하고 늦게 와서 늦은 시간에 저녁 먹고 그러니까 서로 티격태격했던 것 같아. 별것도 아니었는데. 그때는 그랬었네?

ㅋㅋ

당신이 글에 쓴 것처럼 취미로 테니스를 하지 않았으면, 진짜 다른 사람들처럼 하는 것 없이 그냥 무의미하게 시간 보내고, 헛짓거리 했을 수도 있고 운동에 관심이 없었을 것 같아. 다행이네….

테니스 때문에 건강하고, 젊음을 유지하고 지금까지 잘 살고 있는 것 같구먼.
앞으로 쭉 열심히 운동하쇼, 여보!
석현이도 아무 생각 없이 코트 정리할 생각 못 하고 갑자기 날짜 생각나서 그거 세고 있었을 것 같아. 바로 야단치지 않고, 한 템포 쉰 거 참 잘했어요.
당신 장점 중 하나가 그거야.
잘 참아 주고 기다려 주는 거!

###  딸 이현지 감상문

오늘도 석현이가 새로운 시도를 했다니 좋다.
아빠가 코트 정리를 하지 않고 들어가 버린 석현이를 야단칠까 말까 고민하다가 야단을 치지 않은 것은 좋은 선택이었던 것 같다. 석현이는 고의가 아니라 까먹고 들어갔던 것 같은데 아빠가 야단을 치면 더 반항심이 생기거나 서운했을 수도 있었을 것 같다. 그리고 석현이는 그 얘기를 나중에 해도 잘 알아들을 것이다.
언제 100일이 될지 기대하며 날짜를 센 석현이도 대견하다. 차근차근 석현이가 높은 단계를 해 간다는 것이 멋지다. 나도 항상 일 끝나고 테니스를 하러 가는 아빠를 보면 멋있고 좋은 취미라고 생각했다. 그리고 점점 나이 들수록 근육이 빠지니까 운동이 정말 중요하다고 느끼는데 아빠는 여태껏 대비를 정말 잘해서 다행이란 생각이 든다. 나도 일하면서 그런 취미를 만들어야겠다.

## 기적은 일어나는 것이 아니라 만드는 것이다. 행운도 행복도...

전에는 아들을 깨울까 말까 고민했었는데 이제는 당연한 것이 되었다. 이것도 반복함으로써 얻게 된 성과다.

오늘도 클레이 코트로 바구니를 가져갔다.

"다섯, 아~홉, 열~하~나~ 아, 와~ 잘했다. 정말 잘했다."

갈수록 집중하고 잘했지만, 그 감동이 전만 못했다.

실력이 늘면서 안 좋은 것이 있다.

처음 시작할 때는 실수하면 정말 안타까워했는데 이제는 일상이 되어 버렸다. 성공했을 때도 무척 좋았는데 이제는 10번 정도는 크게 감동되지 않는다. 아무리 맛있는 음식도 많이 먹으면 맛이 없듯이 실력 향상이 감동을 죽이는 격이다. 이것이 좋은 현상인가 나쁜 현상인가? 그렇다고 처음이 좋다고 할 수도 없다. '처음처럼 안타까워하는 간절함과 성공의 감동을 계속 느끼도록 하는 방법이 무엇일까?' 고민이다.

나는 처음에 테니스를 배울 때 잘하는 사람들이 정말 부러웠다. '내가 과연 저 사람들처럼 잘할 수 있을까? 언제쯤 저렇게 잘 치게 될까?' 아침에 1시간 30분, 저녁에 2시간 이상 거의 매일 쳤다. 한참 지난 후에 하루 평균 3시간 이상을 7년 동안 했다는 생각을 했었다. 공부를 그렇게 열심히 했으면 9급 공무원이 아니라 사법고시도 합격했을 시간과 노력이었다. 좋아하게 되면 지독해지고 어마어마한 인내와 끈기가 생긴다. 거실에서 스윙 연습을 하다가 샹들리에를 깬 적도 있다. 그때도 아깝다기보다는 내가 대견했었다. 혹시라도 비가 와 테니스를 못하게 되면 그날이 아까웠다. 낮에는 계속 맑다가 테니스 칠 시간이 되어 비가 오면 안타까움을 넘어 화가 났다. 어렸을 때 많이 아프기도 하고 운동 신경이 좋지 않아 어떠한 운동도 잘하지 못했다. 그런데 테니스를 하면서 많은 사람이 나에게 운동 신경이 좋다고 했을 때 의아했다. 강한 승부욕이 운동 신경과 능력을 뛰어 넘어 나의 잠재 능력을 끌어낸 것이었다. 나의 능력보다도 훨씬 어려운 일을 해냈을 때의 그 놀라움은 이루 말할 수가 없었다.

  아들 몸속에 얼마나 어마어마한 능력이 있을지 나도 궁금하지만 아들도 궁금할 것이다. '어떻게 해야 할까? 하루 정도 쉴까?' 좀 쉬면 하고 싶은 마음이 더 커지는 것은 사실이지만 쉬다가 아예 하고 싶은 마음이 없어져 버릴 수도 있다. 아들은 테니스를 하면 재밌다고 하는데, 진심인지 아닌지도 의심스럽다. 내가 해야 한다고 하고, 재밌다고 해야 좋아하기 때문에 실망시키지 않기 위해 말했을 수도 있다. '게임을 해 보자고 할까? 너무 이르긴 한데…' 이런 생각을 하며 계속 공을 넘겨주었다. 아들이 열심히 뛰어 잡으려고 할 때마다 "잘~했어"라고 칭찬해 주었다.

"여섯, 일곱, 여~덜, 아~홉, 여~얼, 오우, 잘한다."

어제 신기록을 세웠기 때문에 오늘은 그렇게 잘할 것이라고 기대하지 않았는데 아들의 태도가 점점 심상치 않았다.

"열 두울, 열~셋,~여~얼~아~홉, 스~물, 오~우. 정말 잘한다. 신중하게 집중, 스~물 세~엣, 스~물~네~엣, 스물~다~섯."

이왕에 스물이 넘었으니까 신기록을 경신하자는 의미다. 숨은 가빠지고, 땀은 눈으로 들어가 따갑지만, 그것은 중요하지 않았다. 어제 28개로 신기록을 경신했는데 몇 개만 더하면 그것과 같아진다.

"스~물~여~섯, 스~물~일~고~옵, 하나만 더, 스~물~여~덟, 됐어~" 어제와 동일한 신기록을 경신했다. 아들도 느낀다.

"서~른! 서른~여덟, 서른아~홉, 하나만 더~"

내 목소리가 더 커졌다. 상상할 수 없는 신기록을 경신하자는 얘기다. 이 정도면 하나하나가 예술이다.

"뛰어, 마~흔, 오~ 잘했다. 잘했어. 자~ 집중."

아들은 아마 속으로 자신에게 감탄하고 놀라며 하고 있을 것이다. 몇 개를 해내겠다는 목표를 정하지 않았지만, 하나하나에 최선을 다하고 숫자가 늘어나면서 자신의 능력을 초월한 잠재 능력을 스스로 끌어내는 것이다. 정하지 않은 목표는 이룰 수가 없다고 했는데 그렇지도 않은 것 같다. 정하지 않은 목표를 이루게 하는 것, 그것이 무엇일까? 하나하나의 간절함이 아닐까? 아니면 매 순간 하나하나 성공하겠다는 새로운 목표들이 자동으로 생겨나서일까? 오늘도 우리는 집중과 절제로 기적을 만들고 있다. "마흔~세~엣, 하나만, 마흔다~섯, 하나만 더, 마흔여~섯, 하나만 더, 마흔 아~, 미안, 미안, 미안, 정말 미안하다."

아들이 실수한 것이 아니라 내가 실수를 해 버린 것이다. 정말 미안하고 아까웠다. 숨을 헐떡이며 아들은 환하게 웃고 있었다. 나도 계속 숨을 헐떡이며 승리의 두 손을 번쩍 들어 보여 주었다.

"야~ 대단하다. 어제 28개 했지? 오늘은 어제보다 거의 20개나 더 했다? 석현아~ 깜~짝 놀랐다. 어떻게 그럴 수가 있대? 최고다!"라고 나는 감동을 주체할 수 없었다.

그만 할 줄 알았는데 한참 숨쉬기를 하고 몇 번을 더 했다.

어떻게 하면 아들이 테니스를 좋아하고 계속하도록 할지 고민하며 새로운 목표(게임)를 가지라는 의도로 이렇게 여러 개를 자주 넘기면 금방 게임할 수 있겠다고 은근슬쩍 욕심을 자극했으나 아들은 "네"라고만 했다. 서운했지만 더 이상 강요하지 않았다. 신중해서 그랬을 것이다. 아들이 계속 재밌게 할 수 있을지, 중간에 재미를 잃어버릴지 고민이다. 게임을 하면 자신감을 가질 수도 있지만, 실력이 되지 않는데 하자고 해서 자신에게 실망할 수도 있기 때문에 무작정 하자고 할 수도 없다. 이것도 스스로 선택하도록 해야 한다. 60일까지 기다려 보고 아들이 먼저 게임을 하자고 하지 않을 때는 아들에게 물어봐서 결정할 계획이다. 물론 아들이 60일 전에 게임을 하자고 하면 정말 기분 좋은 일이다.

공을 모두 줍고 나는 코트 정리를 했다. 아들도 내가 말하지 않았는데도 공을 가져다 두고 코트 정리를 하러 왔다. 아들을 믿고 말하지 않은 내가 잘했다는 생각이 들었다.
아들과의 미션을 수행하며 우리는 기적을 만들어 가고 있다. 기적은 일어나는 것이 아니라 만드는 것이다. 행운도 행복도 마찬가지다. 기적을 만들면 모든 것이 온다. 우리의 미션 성공 가능성이 커지고, 더 재밌고, 더 행복하고, 테니스 일기 쓸거리도 많아지고, 감사 일기 내용도 좋아지고, 엄마와 딸의 감상문도 더 좋아지고, 우리 가족 전체가 행복해진다. 무엇보다도 가장 중요한 아들의 자신감과 자존감이 커지고, 테니스 실력이 좋아지고, 평생 자산인 좋은 습관이 될 가능성이 커지고, 건강해지게 된다. 이보다도 훨씬 더 많은 것을 가져다 주는데 글로 다 표현할 수가 없다.

나는 매일 일기를 쓰면서 새로운 것을 발견했다. 테니스에 감동이 없고 대화도 없을 때는 무엇을 써야 할지 고민을 한다. 테니스 일기에 쓸 것이 없다고 걱정하며 써야 한다는 책임감에 일단 쓴다.

무슨 말을 쓸까 생각나지도, 생각하지도 않고 쓰다 보면 순간순간 새로운 생각들이 떠오른다. 글을 쓰다 보면 생각이라는 촉수가 사방으로 뻗어 나가는 느낌이 든다. 그러면서 오늘 있었던 테니스보다도 훨씬 많은 얘기가 써지게 된다. 또 고치기 위해서 3~4번 다시 읽을 때마다 더 좋은 내용으로 채워지고 페이지 수가 늘어날수록 뿌듯함을 느낀다. 이것도 내가 나에게 느끼는 새로운 감동이다. 생각나서 쓰는 것이 아니라 쓰다 보면 생각난다. 책임감도 새로운 것을 창조하는 힘이 있는 것 같다.

 **딸 이현지 감상문**

와~ 석현이가 오늘은 더 대단한 결과를 얻었다.
실패하지 않고 오늘까지도 미션 성공이다. 대단하다. 날이 갈수록 더워지는데 항상 열심히 하는 아빠와 동생이다.
맞다. 아빠 말이 맞다. 정말 뭘 써야 할지 모를 때가 있다. 하지만 하려고 하면, 쓰려고 앉으면 생각이 난다. 생각하다 보면 이런 것도 있었지 하고 더 떠오른다. 역시 행동으로 옮기는 것이 중요하다. 하기 싫지만 했을 때, 그리고 생각보다 더 좋은 결과를 얻을 때의 기분은 최고다.

# 좋은 습관 하나가
# 100가지 보물보다 낫다

 어제 아르바이트를 하는 날이어서 혹시 늦잠을 자지 않을까 걱정했는데 이제는 일찍 일어나는 것이 습관이 된 것 같다. 아침에 일찍 일어나는 습관은 20억 원을 정기 예금 해 놓은 것만큼 가치가 있다. 20억 원의 1년 이자율 1.5%면 3천만 원, 한 달에 250만 원 정도 된다는 것이다. 하나의 좋은 습관은 평생 보장되는 연금과 같다. 좋은 습관 하나가 100가지 보물보다 낫다. 왜냐하면 보물은 보관하고 관리해야 하고 사용하면 없어지지만, 좋은 습관은 항상 나와 함께하고 나를 더 발전시키며 확대 재생산되기 때문이다.

 하루 1시간을 최저 임금으로 계산하더라도 7천 원이면 1달에 21만 원이다. 하루를 알차게 보내는 뿌듯함의 가치를 하루 1만 원으로 계산하면 1달에 30만 원. 1시간 먼저 일어나 준비하며 좋아지는 인생의 부가 가치는 하루 1만 원씩 1달이면 30만 원이다. 하루를 일찍 시작함으로써 발생할 수 있는 안 좋은 일을 미리 방지하여 잃지 않게 되는 비용도 하루 1만 원, 1달 30만 원. 매일 운동을 함으로써 얻게 되는 건강의 가치도 1일 1만 원, 1달 30만 원.

부지런하다는 좋은 평판과 가족들에게 얻은 신뢰의 가치도 1일 1만 원, 1달 30만 원. 평생 자산인 테니스를 배우는 레슨 비용도 1달 최소 20만 원. 테니스를 매일 하는 습관도 1달 30만 원. 자존감 성장 가치도 1달 30만 원이다. 그밖에도 엄청난 가치가 있는 좋은 습관을 체득한 것 같아 너무나 기분 좋다.

공 바구니를 꺼내서는 "아빠~" 하며 인조 구장을 가리켰다. "그래"라고 말하고 따르면서 '왜 오늘은 여기서 하자고 하지? 새로운 것을 해 보려고 그럴까? 내가 생각한 것보다도 더 빨리 게임을 하자고 할까?'라고 궁금해 하며 혼자 좋아했다. 눈에 보이지 않는다고 변하지 않는 것이 아니다. 시간은 가지만 시침 움직이는 것이 보이지 않은 것처럼 아들의 테니스 실력도 엄청나게 발전했다.

"아~홉, 여~얼, 오우, 잘한다. 열두~울, 열~넷, 좋아, 열~여섯, 열~일~고~ 아~ 굿, 잘했다. 잘했어. 좋은데?"

시간이 다 되었는지 "아빠~ 마지막 해요"라고 했다.

"그래"라고 하면서 공 2개를 들었다. "셋, 네엣, 다섯, 잘했다"라고 하고 아들을 보니 흐뭇한 미소를 짓고 있었다. 무슨 생각에 인조 구장에서 하자고 했는지 궁금해서 물었다.

"석현아~ 오늘은 왜 인조 구장에서 하자고 했니?"

"그냥요."

"…그냥?"

"네. 그냥요."

어떤 의도가 있지 않을까 하는 기대가 완전히 빗나갔지만, 내색은 하지 않았다.

'그냥'이란 없다.

이유가 있는데 그 이유를 정확히 설명하기가 어렵기 때문에 그렇게 표현했을 것이다. 그 이유를 듣고 비웃지나 않을까 하는 걱정 때문에 말하고 싶지 않았을 수도 있다. 이유를 말하면 스스로 그 말에 대해 책임을 져야 하는 부담감 때문에 말하지 않았을 수도 있다. 아들이 '그냥'이라고 말할 때 이 말을 해 주면서 '자기 생각을 표현하는 것이 좋다고 말할까?'라고 생각했지만 가르치면 역효과가 생길 것 같아 참았다. 아들은 기분이 좋으면 말을 많이 한다. 그때를 기다리기로 했다. 그러면서 다른 말을 했다.

"석현아~ 너는 네가 실력이 많이 좋아졌다는 것을 느끼니?"

"별로요"라고 무표정하게 말했다.

"너는 잘 못 느끼겠지만 너의 실력은 엄청나게 늘었다?"

자신감을 가지라고 한 말이지만 아들 실력이 향상된 것은 사실이다. 그것도 다른 사람들에 비해서 엄청나게 늘었다.

내일은 더 재미있을 것이다.

## 세상 모든 것이 공부다

어제저녁에 오늘은 몇 시에 갈 것인지 물었더니 7시 30분에 가자고 했다. 아침에 아들이 일어나지 않아 고민하지 않고 깨웠더니 깜짝 놀랐다. 자신도 늦잠 잤다는 것을 아는 것이다. 알람을 설정해 놓고 잤는데 듣지 못했다고 했다.

어제 테니스 끝나고 오면서 아들의 자신감을 키워 주기 위해 실력이 엄청나게 늘었다고 칭찬을 해 주었었는데 아들은 그것을 감사하게 생각했다. 자신이 발전하는 것 같지 않아 점점 기가 죽었었는데 아빠가 점점 발전하고 있다고 해 줘서 기분이 풀렸다고 어제 감사일기에 썼었다. '아주 적절한 시기에 칭찬했구나'라는 생각이 들어 기분이 좋았다. 기가 죽으면 의욕이 없어지고 서서히 싫증나게 되어 포기할 수도 있는데 다행이다. 채찍과 당근의 적절한 사용이 중요하다.

코트에 도착해서 언더 스트로크로 공을 넘기니까 아들은 서브를 해 달라고 했다. 예상했던 대로 처음부터 더 열심히 했다. 중간 정도 하니까 전에도 오셨던 정구하시는 분이 아들 하는 것을 보고 "실력이 많이 늘었네?"라고 말했다.

나도 기분이 좋았지만, 아들도 좋아했다. 어제 내가 아들에게 한 말이 사실이라는 것을 증명해 주는 것이 되기 때문에 아들이 나의 말을 믿고, 더 열심히 하고 싶은 동기 부여가 되었을 것이다. 어젯밤에도 밥을 안 먹었고, 아침도 안 먹어서 힘들어하지 않을까 걱정 했는데 그래도 열심히 했다.

"열두울, 열~셋, 열~넷, 좋아. 열~다서~엇, 집중, 열~여섯, 열~일~고~ 아~ 굿, 잘했다. 잘했어. 좋은데?"

30분이 지난 것 같은데 그만하자는 말을 하지 않았다. 속으로만 '오늘은 좀 더 할 생각인가?'라고 생각했다. 모든 결정을 아들에게 맡기기로 했기 때문에 끝까지 지킬 예정이다. 도움은 주되 강요하지 않을 것이다.

세상 모든 곳에 배울 것이 있다. 세상 모든 것이 공부다. 배우는 것은 행복이다. 미션을 하며 아들만 배우는 것이 아니라 나도, 엄마도, 딸도 많은 것을 배우고 행복해하고 있다.

오는 차에서 "석현아~ 해장국이나 메밀 먹고 갈까?"라고 말했더니 조금 생각하다가 "그럼 메밀 먹죠"라고 했다. 밥을 먹으면서 얘기하고 싶었고, 아들이 어제저녁과 아침을 안 먹었다고 했기 때문에 걱정이 되어 말했더니 아들은 살이 덜 찌는 메밀을 먹자고 했다. 그런데 아침 10시밖에 되지 않아 식당이 문을 열지 않았으면 그냥 가자고 했다.

아들은 움직이면서 계속 말을 했다.

"아빠~ 누나 어디서 일해요?"

"군청에서~"

"아~ 그래요? 도청에서 하는 거 아녜요? 전에 도청 김대중 회관에서 면접 봤잖아요"라고 부럽다는 듯이 말했다.

"시험은 도청에서 보는데 일은 영암군에서 하는 거야."

"그럼 아빠랑 같이 일하는 거예요?"

"군청에서 할 수도 있고, 다른 읍면에서 할 수도 있어."

"아~"

엄마는 몇 살까지 일하고 어떤 일을 하는지 계속 물었다.

"아빠~ 전에 엄마가 중간에 그만둔다고 하지 않았어요?"

"그랬었지?"

"언제요?"

"그것은 엄마가 결정하시겠지? 아마 엄마가 공부를 다 했다고 생각이 들 때 그만두지 않을까?"

엄마는 무슨 일을 하냐고 물어서 힘든 사람들이 찾아오면 얘기를 들어 주고 해결해 주는 코칭을 한다고 했다.

"아~ 그거 하면 좋아요?"

"일단 엄마가 좋아하는 거니까 좋다고 봐야지? 오늘도 새벽에 일어나 서울까지 가셨잖아. 자기가 좋아하면 그것은 놀이가 되니까 새벽이든 늦은 밤이든 관계가 없게 되지. 너도 친구들과 놀 때는 시간과 관계없이 놀잖아? 엄마는 요즘 자신을 위해 열심히 하면서 참 행복해하잖아."

"네. 그런 것 같아요."

식당에 도착해서 아들이 다녀오더니 "20분은 기다려야 한대요"라고 했다. 전에 같았으면 기다리자고 했을 텐데 아들은 그냥 가자며 차에 탔다.

"그러자"라고 말하고 운전을 했다.

"석현아~ 조미화 곱창집에 가 볼까?"

"그래요."

안 가겠다고 할 줄 알았는데 가자고 했다. 거기서도 아들은 엄마가 군청을 그만두고 새로운 일을 하는 것에 대해 계속 물었다. 나는 군청 일과 새로운 일의 장단점을 말해 주고, 어떤 것이 좋겠냐고 아들에게도 물었더니 한참 생각하다가 "아직 잘 모르겠어요. 엄마가 잘 판단하시겠죠"라고 했다.

나는 정년하고 뭐 할 거냐고 물어서 나도 다른 사람들에게 강의 같은 거 하고 싶다고 했다.

"할 수 있어요?"

"많이 노력해야겠지?"

"어떻게요?"

"음~ 아빠가 전에 책을 쓰겠다고 했잖아… 아마 책을 써서 유명해지면 강의 요청하는 사람들이 있지 않을까?"

"어떤 것 쓸 거예요?"

"음~ 아빠가 어렸을 때부터 너희들과 주고받은 편지하고, 가끔 아빠의 생각을 썼던 개똥철학? 그리고 공무원으로 근무하며 아빠가 했던 전국 최초, 전국 유일 사례들? 또 아빠가 가끔 썼던 감사일기? 그동안 아빠가 써서 너희들에게 보내 준 것 좋지 않았니?"

"나쁘지 않았어요."

"뭐야~"라고 화난 척했다.

정말 좋았다고 할 줄 알았는데 '나쁘지 않았어요'라고 해서 기분이 그랬다. 내가 생각했던 것보다도 아들은 그렇게 좋지 않았다는 얘기다. 아들은 눈치를 챘는지 얼른 말을 바꿨다.

"아빠가 좋았다고 하니까 나도 좋았어요."

아들은 나의 기분을 나쁘게 하고 싶지 않았던 것이다. 그냥 모른 척하고 나는 계속 얘기를 했다.

"그리고 요즘 쓰고 있는 테니스 일기?"

"아빠~ 테니스 일기는 매일 내용이 거의 같은 거 아녜요?"

"야~ 아빠가 매일 똑같이 쓰겠냐? 테니스 얘기는 매일 거의 똑같지만 거기에 인생의 지혜를 같이 쓰지? 엄마와 누나가 매일 아빠가 쓰는 것 읽고 재밌다고 하잖아······."

"그럼 저는 언제 읽어볼 수 있어요?"

"아빠가 책을 내면? 아빠가 책을 낸다면 아마 테니스 일기를 제일 먼저 낼 것 같아. 하루에 최소한 4페이지, 최대 15페이지를 썼으니까 13포인트로 하면 평균 5페이지는 될 걸? 그럼 벌써 200페이지 넘게 쓴 거네?"

우리는 서로 대단하다는 듯이 웃었다. 그 외에도 엄마가 어떻게 좋은 쪽으로 변했는지에 대해서도 얘기해 줬더니 아들도 대단하다고 했다. 그것은 엄마가 항상 열심히 살았기 때문이라고, 아들도 조금씩 노력하면 그렇게 변할 것이라는 의도로 말했다. 내가 사무실에서 다른 직원들에게 명령하지 않고 변화를 유도하는 방법에 관해서도 얘기를 해 주었다. 강요하면 할지는 모르지만, 자기 것이 안 되니까 오랫동안 내가 했던 사례나 배운 것을 이야기 형식으로 대화하면서 직원들이 스스로 변하도록 한다고 했더니 좋은 방법이라며 칭찬해 주었다. 내가 지금 자기에게 하는 방법이라는 것을 알면 기분 나빠 할까 봐 그 얘기는 하지 않았다. 밥을 다 먹고도 우리는 1시간 넘게 얘기를 하고 집에 왔다.

집에 와서 몸무게를 쟀더니 나는 59.7kg이었다. 목표 60kg을 이미 성공한 것이었다.

"석현아~ 봐라?"라고 자랑하듯 말했더니 보고 웃었다.

"너도 재 봐."

아들은 웃으며 저울에 올라가면서 "아마 저는 더 쪘을 것 같아요"라고 해서 의아한 생각이 들었다. '어제저녁도 먹지 않았고 아침도 안 먹었는데 쪘다고?' 아들은 77.5kg이었다. 그제는 75.5kg이었는데 2kg이 찐 것이다.

"너 어제저녁에 야식 먹었지?"

안타깝고 기분이 좋지 않았지만 웃으면서 말했다. 아들은 아니라고 하지 않고 그냥 웃었다. 어제 야식을 먹었기 때문에 아침을 먹지 않겠다고 했던 것이다.

"너 3만 원 내라?"

우리가 내기로 약속한 금액이다. 그러면서 한마디 더 했다.

"너 어제만 먹었냐?"

아들은 "아~ 아~"라고 하며 웃었다. 더 먹었다는 말이다. 거짓말은 하지 않았다.

"너~어~"라고만 말하고 실토하도록 추궁하지는 않았다. 쥐도 궁지에 몰리면 고양이를 문다고 했기 때문이다. 아들이 방으로 들어가려고 할 때 다시 한 번 말했다.

"석현아~ 3만 원?"

사람은 칭찬보다도 손실에 대해 더 크게 충격받는다. 잃기 싫어하는 마음 때문에 의지가 더 강해진다. 전에 야식을 먹었을 때 벌금을 달라고 했으면 어제 먹지 않았을 것이라는 생각이 들어 오늘은 바로 얘기했다.

"네~"

아들은 밝은 목소리로 대답하고 전에 것까지 6만 원을 가져왔다. 전에 먹었던 것까지 약속을 지킨 것이다.

"너 어제만 먹었니?"라며 더 먹었을 것 같아 은근슬쩍 찔러 봤는데 이것만 받으라는 듯 "아~ 아~"라고 했다.

"좋아. 이번엔 봐 준다. 다음에는 먹지 마라? 알았지?"

"네~"

아들은 나름대로 열심히 하는데 간식의 유혹을 이기지 못하는 자신에게 실망하고 있는 것이다. 나는 아들이 그것 때문에 기죽을까 봐 걱정하면서도 아무렇지 않은 듯 얘기했다.

"아빠~ 8월 용돈과 교통비요"라고 웃으며 말했다.

항상 매월 1일 날 잊지 않고 용돈을 달라고 했는데 이번에는 오늘까지 말하지 않았었다. 아들이 용돈을 달라고 하면 감하고 줄 생각이었다. 웃으면서 아들에게 6만 원을 다시 주었다. 원래 7만 원인데 이번 달은 방학이라 1만 원을 덜 준 것이다. 아들도 느꼈는지 "6만 원이면 맞아요"라고 했다.

오늘은 아들이 기분이 좋아 나도 좋았다.

아들과 대화를 많이 하면 나도 아들도 기분이 좋아지고 테니스 일기의 내용도 많아져서 정말 좋다.

 **딸 이현지 감상문**

가족이 하는 일을 궁금해하고 자랑스러워하는 동생이 대견하다. 요즘 우리 가족이 열심히 잘 사니까 석현이도 그것이 뿌듯할 것이다.
스스로 배우고 깨우치는 것은 참 어려운 일인데 아빠는 그것을 잘 도와주는 것 같다. 그리고 행동에 대해서 채찍과 당근을 적절한 시기에 준다는 것…. 나도 그것을 잘하고 싶은데 어렵다. 아빠는 잘하는 것 같다. 나도 항상 아빠를 보며 조금씩 배워갈 수 있었으면 좋겠다.
세상 모든 것에 배울 것이 있다. 그러니 나도 무언가를 할 때 그냥 넘어가지 않고 생각하면서 뭔가를 건져 내야겠다.

# 대용보다 시점

아들이 강선이와 10시에 가서 운동하고 함께 밥 먹으러 가자고 했다. 나는 일찍 가는 것이 어떠냐고 물었는데도 강선이와 약속했기 때문에 10시에 가자고 했다. 일방적으로 정한 것에 대해 기분이 나빴지만 아들을 존중해 주기 위해 그렇게 하자고 했다. 거실에서 TV를 보고 있으니까 10시에 아들이 강선이에게 전화해 빨리 집으로 오라고 했다.

아들은 강선이를 무척 생각해 주는데 강선이는 아들을 자주 실망시킨다. 전에도 약속 시간에 늦었지만 참았었다. 아들은 약속을 중요하게 생각하는데 약속을 지키지 않는 강선이와 제일 친하게 지내고 있다. 기초 운동을 다 마쳤는데도 강선이는 오지 않았다. 전화를 다시 했는데도 강선이는 아직 자기 집에 있다고 했다. 강선이가 먼저 같이 가자고 했기 때문에 강선이가 먼저 준비하고 기다려야 하는데 그렇게 하지 않아서 나는 의도적으로 화를 냈다. 모든 것이 강선이 잘못으로 인해 우리 기분이 좋지 않게 되었다는 것을 인식

시켜 주기 위해 말했다.

"우리는 지금 가니까 코트로 오든지 아니면 그냥 집에 있으라고 해라."

집에서 출발하며 아들이 전화를 했지만 받지 않았다. 나는 화가 났지만 강선이가 나오고 있다면 태우러 갈 생각이었으나 전화를 받지 않아 그냥 우리끼리 출발했다. 한참을 가고 있는데 강선이에게서 전화가 왔다.

"강선아, 우리 지금 코트로 가고 있거든? 너 오고 싶으면 코트로 오고, 싫으면 그냥 집에 있어라."

강선이는 코트로 오겠다고 한 것 같았다. 나 같았으면 화내며 얘기했을 텐데 아들은 계속 조심스럽게 얘기를 했다.

"강선아 우리가 10시에 약속했잖아~ 그런데 네가 안 오니까 아빠가 화나셨어. 강선아 앞으로 약속을 좀 지켜 줄래?"

내 느낌이 이상하면서 머리카락이 솟았다. 왜냐하면 아들이 말하는 태도가 뭔가 강선이에게 약점이라도 있는 사람처럼 애원하는 것 같았기 때문이다.

'우리 석현이가 도대체 무엇을 잘못해서 강선이에게 저런 저자세로 대하는 걸까?'라고 혼자 걱정하고 고민하다가 아들이 전화를 끊자 "강선이가 밉고 화나지 않냐"고 물었다.

"나요."

"그런데 왜 화내지 않고 그렇게 얘기를 하니?"

"잘 모르겠어요."

말하기 싫은 것인지 자신의 심정을 언어로 표현하기 어려운 것인지 걱정이 되었다. 어떤 마음이든 이 사태를 그냥 넘어가서는 안 되겠다는 생각에 아들 생각을 대신해서 물었다.

"석현아~ 너 혹시 강선이와 함께 있으면 주눅들고 강선이가 시키면 거부하지 못하고 무조건 들어주니?"

"…"

아들은 아무 말도 하지 않았다.

"네가 강선이의 멘탈에 위축되고 무서워 아무 말 하지 못하는 것 아니니?"라고 물으면서 '그렇다'고 말할까 봐 무척 걱정했다. 그렇다면 이것은 정말 심각한 문제다.

"그것은 아닌 것 같아요"라고 해서 천만다행이었다.

"그러면?"

"그냥~ 왠지 강선이한테는 화내면 안 될 것 같아요."

"아~ 그래? 그러면 강선이가 외롭고 어렵게 살기 때문에 강선이에게 상처 주고 싶지 않은 거니?"

"네~ 그래요."

"아~ 그렇구나~ 그랬었구나~"

우리 아들은 참 착하다. 강선이 마음을 상하지 않게 하면서 고치도록 하는 방법을 모르는 것 같아 말해 줘야 할 것 같았다. 그리고 그 시기를 놓치면 영원히 못 할 것 같았다.

내용보다 시점이 중요하다.

"석현아~ 네가 초등학교 때 네 친구와 학교에서 돈을 훔친 적 있었지? 그때도 네가 주동한 것이 아니고 친구가 주동했다고 했잖아~ 그때도 네가 친구에게 말을 잘해서 하지 않도록 했다면 큰 문제도 생기지 않았을 것이고, 그 친구는 너를 미워하기보다는 더 좋아했을 거야. 그렇지 않니? 지금 네가 강선이를 항상 이해하고 배려만 해 주면 너의 그 배려를 당연하다고 생각하고 네가 혹시나 뭐라고 하면 강선이는 오히려 너에게 화를 낼 수도 있을 거야. 강선이는 너의 마음을 이해하면서도 이용할 수 있지 않겠니? 우리 관계를 한번 생각해 봐라? 네가 잘못을 할 때 가끔은 나도 너를 이해해 주지만, 네가 싫어하리라는 것을 알면서도 알면서도 나는 그 자리에서 얘기하거나 편지로 뭐가 잘못되었는지, 어떻게 하는 것이 좋은지를 알려 주었지?"

"네."

"너와의 관계가 나빠질까 봐 걱정돼서 계속 배려했다면 너는 너의 잘못이 무엇인지도, 고치지도 못하고 오히려 너를 더 망치게 되었을 거야. 어떻게 생각하니?"

"아빠 말씀이 맞아요."

아들은 내가 얘기를 하면 아니라고 한 적이 거의 없다. 그만큼 현명하다는 얘기다. 아이들을 키우면서 나는 좋은 아빠가 될지, 훌륭한 아빠가 될지를 항상 고민했었다. 아이들이 잘하면 친구처럼 최고로 좋은 아빠가 되고, 잘 못 할 때는 나를 싫어할지라도 강하게 야단을 치는 훌륭한 아빠가 되기로 했다. 지금까지 살아오면서 그것을 판단하기가 제일 어려웠다.

"너는 강선이를 좋아하지? 강선이도 그렇고… 네가 좋아하는 친구가 나쁜 사람이 되길 바라니~ 좋은 사람이 되길 바라니?"

"그야 당연히 좋은 사람이 되길 바라죠?"

"그러면 네가 어떻게 해야겠니?"

대답하지 못 할 것을 알면서도 물었다. 왜냐하면 아들이 많은 고민을 하고, 친구를 위해서는 싫은 얘기도 해 줘야 한다는 것을 알려주기 위해서다.

"앞으로 강선이가 잘못하면 네가 기분이 안 좋고, 뭐가 잘못된 것이며, 우정도 잃을 수 있을 것이라는 얘기를 반드시 해 줘라? 그리고 지적만 하지 말고 네가 원하는 것, 옳은 방법에 대해 반드시 말을 해야 해. 지금까지 네가 계속 강선이를 이해해 줬기 때문에 다음에 네가 지적하면 강선이는 기분 나빠 할 수도 있을 거야. 그러면 이렇게 얘기해라. '강선아 냉정하게 생각해 보자. 그동안 우리 사이에 약속을 어기거나 잘못을 누가 더 많이 했니? 그리고 누가 더 이해를 많이 했니? 당연히 강선이가 잘못을 많이 했고 너는 그만큼 더 이해하고 배려했을 거야. 강선이는 착하니까 너의 말을 인정할 거다. 그러면 또 이렇게 말을 하는 거야. '강선아~ 사람은 배려를 계속하면 그것을 감사하게 여기기보다는 당연한 것으로 착각을 한단다. 내가 너를 배려한 것은 너의 기분을 상하게 하고 싶지 않아 그랬는데… 그것이 반복되니까 우리 관계가 좋아지기보다는 더 나빠지고, 너에게 믿음이 가지 않고 불안해지더라? 지금이라도 네가 그것을 고쳤으면 하는 마음에서 얘기하는 거니까 앞으로는 더 잘해 줬으면 좋겠어. 사람들은 가장 친한 사람들에게 실망시키는 것을 아무렇지 않게 생각하는 경향이 있는데… 나는 그렇게 해서는 안 된다고 생각한다? 오히려 친하지 않은 사람보다 가장 친하고 소중한 사람에게 가장 잘해 줘야 한다고 생각해. 우리가 그랬으면 좋겠어'라고 말을 해 줘라."

"그래야 할 것 같아요"라고 아들이 대답했지만, 과연 그렇게 말할 수 있을까 걱정이 되었다.

"석현아~ 강선이에게 아빠가 말하는 것이 좋을 것 같니… 네가 말하는 것이 좋을 것 같니?"

아들이 하겠다고 하기를 기대했고, 하겠다고 할 것이라고 생각했었다. 왜냐하면 아들은 강선이를 많이 좋아하고 있고 내가 말하게 되면 강선이가 기분 나빠할 수도 있을 것 같은 판단에서다. 그런데 아들은 달랐다. 나의 예측은 완전히 빗나갔지만, 기분은 좋았다.

"아빠도 말씀해 주시고, 저도 말할게요"라고 말해서 한순간 멍했다.
"그래? 그것이 좋겠다."

생각해 보니 내가 혼자 말한 것보다도, 아들이 혼자 말하는 것보다도, 우리 둘이 말하면 정말 우리의 말이 옳다고 생각하고 자신의 잘못을 크게 깨닫고 고치려고 노력할 것 같다. 역시 아들은 대단하다. 주관이 없고 여린 것이 아니고, 배려심과 이해심이 강하고 더 넓고 깊게 생각한다. 일방적으로 강선이와 약속을 해 기분이 안 좋았고, 강선이가 약속을 지키지 않아 더 기분 나빴지만, 자존감이 낮아 말을 못한 것이 아니라 처지가 어려운 친구에게 상처를 주지 않겠다는 착한 마음 때문에 조심스럽게 말했다는 것을 알게 되어 기분이 좋았다. 또 내 말을 이해하고 강선이와의 관계 개선을 위해 더 노력할 것이라는 믿음이 생겨 좋았고, 아들이 현명한 대안을 제시해 주어 기분이 더욱 더 좋아졌다.

코트에 도착해서 인조 구장으로 바구니를 가져갔다.
"석현아~ 강선이는 테니스를 한다고 한 거니 아니면 그냥 온다고 한 거니?"라고 물었더니 그냥 와서 구경하고 같이 밥 먹자고 했다고 했다.
"석현아~ 강선이와 약속하지 않았으면 일찍 시작해서 힘들지 않았겠지?"
아들이 잘못 선택했다는 것을 알려주기 위해 한 말이었다.
"네."
강선이 때문에 기분이 좋지 않은 것 같아 아들이 어떻게 할지 궁금했는데 걱정했던 것과는 반대로 열심히 했다. 중간 정도 하니까 강선이가 왔다. 조금 더 하자는 의도에서 아들에게 물 한 잔 마시고 오라고 했다. 강선이도 같이 와서 내가 먼저 아무 일 없었던 것처럼 "어서 와라"라고만 했다. 강선이는 나를 보더니 "죄송해요"라고 했다. 친구가 보고 있는 상황에서 아들이 어떻게 할지 궁금했는데 전혀 동요하지 않고 오히려 열심히 했다. 아들이 강선이에게 잘하는 모습을 보여줄 수 있도록 나도 더 열심히 했다.

"여섯, 열두~울, 좋아, 집중, 굿, 잘했다. 잘했어."

어려운 것을 잡아냈을 때 강선이도 "오~우"라고 감탄해 기분이 좋았을 것이다.

"여섯, 열~두울, 열~여섯, 열~일~고~ 아~ 잘했다. 좋은데?"

"아빠~ 하나만 더 해요"라고 해서 하나를 더하고 마쳤다.

휴게실에 들어가니까 우리 회원이 와 있었다.

"오메 더운디 무지하게 고생했네."

우리가 날마다 테니스 하는 것을 알고 다른 사람들은 내가 아들 고생시킨다고 표현을 했는데 이분은 "아들아~ 아버지가 이 더위에 너 가르치려고 무지하게 고생한다~"라고 말해 주었다. 우리가 고생하는 것은 맞지만, 아들이 받아들이는 마음은 다를 것이다. 내가 고생시킨다고 하면 아들은 억지로 하는 것이 되고, 아들이 나를 고생시킨다고 하면 아들은 나에게 감사해하고 미안해하며 더 열심히 할 것이기 때문이다. 다른 사람들이 아들 고생시키지 말라고 하면 나는 아들이 자발적으로 하는 것이라는 것을 알려주기 위해 '내가 고생시키는 것이 아니라 아들 때문에 내가 고생한다'고 한다.

아들은 강선이와 아무 일 없었던 것처럼 자연스럽게 말을 하며 갔다. 나는 강선이에게 언제 어떻게 말을 할까를 계속 고민했다. '전에 음식 시켜 놓고 한참 기다렸으니까 그때 자연스럽게 얘기를 할까? 아니면 음식 다 먹고 약간 쉬면서 할까? 아니면 차로 이동하면서 말할까?'를 계속 고민했다. 상황에 맞게 하기로 하고 음식을 시켜 놓고 말할 시기를 찾는데 오늘은 음식이 빨리 나와 끝나고 하기로 했다.

"석현아~ 너는 공을 강하게 치려고 하니, 아니면 정확히 치려고 하니?"

"저는 그런 생각 않고 그냥 일단 넘기자는 생각으로 쳐요."

"아~ 그래? 석현아~ 아빠는 처음에 혼자 체육관 밖에서 벽치기를 할 때 벽에 표시해 놓고 정확하게 하겠다고 생각하면서 했거든? 왜냐하면 강하게 치면 그 반발력도 훨씬 더 커서 공이 체육관 울타리 밖으로 나가버리거든? 그러면 맨날 주우러 가야 되고 다른 사람들이 보면 쪽팔려서 넘어가지 않게 해야 했어. 어쩔 때는 공을 잃어버리는 경우도 있다? 그러면 공이 없으니까 하다가 그냥 와야 할 때도 있었어…. 그런데 지금 너는 네가 잘하지 못하더라도 나는 치기 쉽도록 공을 넘겨주잖아? 혼자 하면 정말 어려운 거야."

무슨 의미인지 아들은 알았을 것이다.

몸무게 얘기도 했다. 아마 내일 아침에는 76kg쯤 될 것이라고 말했다. 어제 밤도, 오늘 아침도 음식을 먹지 않았기 때문에 더 빠질 것이라며 좋아했다. 내가 강하게 말해 주어야 할 때라고 생각했다. "이제 야식을 먹으면 미션 실패다?"라고 웃으면서 주먹을 쥐어 보이며 겁주는 척했다, 아들도 알았다는 듯이 웃었다. 그러는 사이 밥을 다 먹었고 나는 언제 말할지 상황을 파악하고 있었다. 식당이 시끄러워 차 안에서 말하기로 하고 그냥 나왔다. 그런데 차를 타려는 순간 아들이 물었다.

"아빠~ 집에 가실 거예요, 사무실 가실 거예요?"

"사무실~"

"그럼 저흰 걸어서 갈게요."

'뭐야. 이게 아니잖아. 어떻게 하지? 할 얘기가 있다며 타라고 할까? 아니면 그냥 가라고 할까?'라고 순간 고민하다가 "그래라"라고 하고 그냥 헤어졌다.

저녁에 아들에게 물어보고, 강선이에게는 다음에 말하기로 했다. 아마 말하지 않아도 되겠지만, 최소한 강선이는 놔두더라도 아들에게는 말하는 것이 좋겠다는 생각이 들어서다.

오늘도 사건이 있어 많은 생각을 할 수 있었고, 좋지 않은 상황을 더 좋게 만들 수 있어 뿌듯하고 좋다. 역시 사건은 나쁜 것이 아니라 새로운 보물을 가져다준다. 4시간 동안 일기를 쓰면서 계속 흐뭇하게 웃을 수 있었다.

**딸 이현지 감상문**

나도 강선이 같은 친구가 있으면 서운해하거나 상처받지 않고 억울하지 않게 잘 말하고 싶다. 하지만 참 어려운 것 같다. 아빠랑 대화를 많~이 하면 이런 부분도 조금은 길러지는 것 같다.

사람은 배려가 계속되면 정말 그것을 당연하다고 생각한다. 그래서 나도 그로 인해 내가 상처받을까 봐 배려할 때에도 조심스러울 때가 있다. 나도 친구들의 배려를 당연하게 생각하지 않고 항상 고맙게 생각하려고 한다.

보통 친해지면 막 대하기가 쉬운데 가까운 사이일수록 지킬 것은 지키고 배려하고 이해하는 게 중요한 것 같다.

아빠와 석현이가 강선이에게 말하는 것을 통해 강선이도 잘못을 알고 더 석현이를 배려해 주었으면 좋겠다.

석현이가 정말 착한 아이라는 것을 다시 한번 느낀다.

## 칭찬은 고래도 춤추게 한다?
## 거짓말이다. 속지 말자.
## 일관성보다 유연성

　오늘 아침에 아들이 깨워 주길 바랐는데 그렇지 않아 내가 깨웠더니 깜짝 놀라며 일어났다. 알람을 설정하고 잤는데도 못 들었다고 해서 어떻게 아들이 나쁜 습관을 고칠 수 있도록 할까 고민했다. 아들은 무엇을 해야 하고 어떻게 해야 하는지는 알지만 의지력이 약해 못하는 경우가 있다. 아침에 일어나는 일도 그렇다. 그 덕에 이렇게 같이 미션을 하게 되었고, 엄청난 보물을 만들어 가고 있다. 어제 강선이랑 목포에서 영화를 보려고 했는데 매진돼서 그냥 왔다고 했다. 강선이에게 얘기했냐고 물었는데 아들은 말해야 한다는 생각이 나지 않았다고 했다. 친구 마음을 상하게 하고 싶지 않고, 그 일을 나만큼 심각하게 생각하지 않은 것 같았다. 그래도 나는 말해 줘야 한다고 생각해서 계속 얘기를 했다.
　"다음에 또 약속을 어기면 반드시 얘기해라?"
　"네."
　집에 와서 운동가기 전까지 낮잠을 잤다고 했다. 낮잠 잔 것을 지적하기보다는 저녁에도 운동한 것을 먼저 칭찬했다.

"어제저녁에는 몇 시에 잤니?"

"새벽 3시쯤 잤어요."

'석현이가 내가 물어보는 이유를 알았을까?' 전에는 낮잠을 자면 안 좋다는 말을 강요하지 않고 농담반 진담반으로 얘기했더니 아들은 스스로 고치지 않고 있다. 아니? 고치지 못하는 것일 것이다.

칭찬은 고래도 춤추게 한다는 말? 거짓말이다. 속지 말자.

그런 고래는 수백만 마리 중 아주 특별한 한두 마리 뿐이다. 아들은 그 수백만 마리 중 아주 특별한 한두 마리가 아니라, 나머지 하지 못하는 수백만 마리의 평범한 고래일 뿐이다. 아들은 칭찬하면 자존감은 좋아질지는 모르지만, 책임감이 약해지고 나태해지는 성향이 더 강했다. 오히려 강한 두려움과 강요를 받으면 더 절제하고 천천히 발전하는 경우가 많아 오늘은 강하게 말해야겠다고 생각하고 계속 다른 말로 복선을 깔았다. 오늘은 명령형으로 단호하게 말했다.

"석현아~ 낮잠을 자면 저녁에 잠이 안 오니까 오늘부터는 낮잠을 자지 마라. 그리고 반드시 12시 전에 자고 아침에는 5시 50분에 일어나 나를 깨워라."

"네"라고 아들은 기어들어 가는 목소리로 대답했다.

"피곤할 때 잠깐 자는 것은 좋지만, 의미 없이 계속 잠만 자고, 정작 자야 할 시간에 잠이 안 와서 알람도 못들을 정도로 늦잠 자는 것은 정말 안 좋은 습관이다. 알았지?"

아들이 주눅들지 않을까 걱정하며 말했다.

"네."

오늘은 야단을 쳤기 때문에 기분이 좋지 않은 것 같아 걱정했는데 오늘도 열심히 했다. 지금까지 몇 번 야단을 쳤는데 아들은 주눅들지 않았었다. 열심히 하지 않으면 내가 기분 나빠할까 봐 더 열심히 했을 수도 있고, 더 야단칠까 봐 무서워 열심히 했을 수도 있다. 어쨌든 아들이 나의 말을 의식하고 고치려는 것은 좋은 일이다.

몇 개를 하더니 아들은 서브를 넣어 달라고 했다. 스스로 선택한 일이기 때문에 물어보지 않았다. 아들이 갈수록 어려운 것을 잘 살려 냈고, 장애가 되는 공을 열심히 치웠다.

"여섯, 열~두울, 좋아, 열~일~고~ 아~, 잘했어. 좋은데?"

오늘도 전반적으로 아들이 더 잘했고, 잘못할 때는 가끔 지적을 해 주었다.

"왼발 앞으로, 집중, 올려 쳐~"

시계를 자주 보더니 "아빠~ 하나만 더 해요"라고 말했다.

"그래"라고 하면서 공 1개를 들어 보였다.

가르치는 것과 지적하는 것은 타이밍을 잘 잡아야 한다. 매 순간 다르다. 아들이 잘하는 부분에 대해 먼저 말해 주었고, 잘 안 되는 부분도 어떻게 해야 하는지 말해 주었다. 아들은 운동하기 전에 내가 한 말에 대해 기분이 안 좋았을지 모르지만, 운동을 열심히 해서 기분이 좋아진 것 같았다.

집으로 오는 차 안에서 아들이 물었다.

"아빠~ 그때그때 상황에 따라 다르게 하는 것을 영어로 뭐라고 하죠?"

갑작스런 질문에 생각을 하고 있는데 아들이 생각이 났는지 먼저 말했다.

"아~ 케바케!"

"아~ 케이스 바이 케이스?"

"케이스가 뭐예요?"

"'상황', '경우'라는 뜻이야~ 매 순간순간 상황이 다르니까 그때그때 다른 방법으로 대처를 해야 한다는 뜻이지…."

"아~ 그렇군요?"

기분이 좋았다. '왜 석현이가 그런 질문을 했을까? 내가 오늘 야단을 쳐서 그랬을까? 아니면 운동 끝나고 석현이에게 잘 안 되는 부분에 대해 어떻게 하라고 말한 것 때문에 그런 걸까?' 그 이유가 뭐든 간에 둘 다 기분 좋은 일이다.


일관성은 중요하다. 예측 가능하고 믿을 수 있기 때문이다.

그런데 그보다도 더 중요한 것이 사고와 행동의 유연성이다. 일관성을 유지하면서 모든 문제를 해결하기란 정말 어렵다. 문제가 모두 다르기 때문에 그 문제에 맞는 대안을 제시해야 한다. 그것이 유연성이다. 아들은 테니스를 통해 유연성이 중요하다는 것을 깨달아 가고 있다.

집에 도착해서 몸무게를 쟀다. 나는 60kg이었다. 좋은 내색을 하지 않고 말했다.

"석현아~ 너도 재 봐라."

어제 77.7kg이었는데 몇 kg이 줄었을지 궁금했다. 아들은 오늘이면 76kg쯤 될 거라고 했는데 놀랍게도 75kg이었다.

"오~ 말도 안 돼~ 저울이 고장 났나 봐~"라고 하며 웃었다.

내려와서 다시 올라가니까 74.9kg이었다.

아들은 "아빠~ 74kg이에요"라고 하며 무척 좋아했다.

"오~ 대단한데? 봐라 하루 야식 안 먹으니까 3kg이 빠졌네? 대단하다"라고 칭찬해 주었다.

"앞으로 절대 야식 먹으면 안 된다. 미션 실패야?"

"네. 절대 안 먹을 게요."

오늘도 이렇게 아침부터 테니스 일기를 알차게 쓸 수 있어서 좋다.

**딸 이현지 감상문**

오늘도 아빠의 야단과 칭찬이 통했다.

동생이 아빠의 강한 말을 듣고 주눅들거나 반항하지 않고 받아들여 운동을 열심히 마쳐서 다행이다.

맞다. 일관성과 유연성의 조화가 참 중요한 것 같다. 일관성은 참 중요한 것이지만 유연성이 없으면 안 되는 것 같다. 아빠는 그런 조화가 참 잘된 사람인 것 같다. 나도 그러고 싶다. 그리고 그러려고 노력한다.

때로는 어떤 부분에서 일관되어야 할지 어떤 부분에서 유연해야 할지 고민을 많이 하면서 조금씩 해결되고 성장하는 것 같다.

아빠랑 대화를 자주 하면 그런 부분에서도 내가 발전해 감을 느낀다.

## 당근과 채찍의 조화

알람이 울려 걱정되었지만 일어나지 않고 누워있는데 다행히 아들이 깨워 주었다. 어제 아들에게 늦잠 자지 말라고 강하게 말했던 것이 통했다. 어제저녁에 아들이 평소 내가 봤던 것보다도 땀을 뻘뻘 흘리며 열심히 운동하고 있었다.

코트에 도착해서 아들이 인조 구장으로 바구니를 가져갔다.
"여섯, 일곱, 굿, 잘한다."
"아빠~ 하나만 더 해요"라고 말했다.
"그래"라고 하면서 공 1개를 들어 보였다.
"둘~울, 셋, 네엣, 잘했다. 잘했어"라고 칭찬하고는 깔끔하게 마쳤다. 오늘은 서로가 열심히 하지 않은 것 같았다. 그래도 일어나기 힘들었지만 미션 수행을 위해 운동을 한 덕분에 땀을 많이 흘릴 수 있어 좋았다.

집에 와서 몸무게를 쟀다. 나는 어제보다 800g 늘었는데 아들은 오늘 74.3kg으로 600g이 줄었다.

"석현아~ 저울이 고장 난 것 아니네? 어제 74.9kg이었는데 600g이나 줄었다? 하루에 600g씩 빼면 금방 성공하겠는데? 앞으로 절대로 야식 먹으면 안 된다. 너만 실패하는 것이 아니라 우리가 함께 실패하는 거야~"라고 말했다.

"네"라고 웃으면서 대답했다. 그리고 또 말했다.

"아빠~ 아빠가 어젯밤에 내가 미션 성공하면 100만 원 준다고 하신 거 기억나세요?"

"뭐야~ 내가 언제 그랬어야?"라고 펄쩍 뛰는 척하며 아니라고 했더니 자기가 땀을 뻘뻘 흘리면서 근력 운동을 하고 있으니까 '네가 이렇게 열심히 하는지 몰랐다'고 하면서 아들이 성공하면 내가 100만 원 주고, 실패하면 아들이 나에게 200만 원 주기로 했다고 했다. 생각이 안 나는 척하다가 "그래~ 알았다"라고 봐주는 척 인정했다. 아들이 열심히 하는 모습에 감동하기도 했지만, 이제 42일 남았기 때문에 꼭 성공하도록 하기 위한 당근책이었다. 아들의 미션 성공, 아니 우리의 미션 성공을 넘어 우리 가족의 행복을 위해 한 선택이었다. 이번의 당근이 100만 원의 가치를 넘어 100억 원의 가치를 만들어 낼 것이라고 나는 자신한다.

주마가편이라고 했다. '달리는 말에 채찍을 가하라'는 말이다. 현재 아들은 힘들게 최선을 다하고 있지만, 매 순간 게으름과 식욕이라는 장애물이 방해한다. 포기하지 않고 끝까지 하는 것이 중요하다. 식욕을 참지 못해 야식을 먹게 되는 욕망을 3만 원이라는 벌금과 나에 대한 두려움을 채찍으로 성공을 유도하고, 성공하면 100만 원이라는 엄청난 돈을 벌 수 있다는 욕심을 당근으로 적절하게 사용해 우리 가정을 행복한 왕국으로 만들 것이다.

 **엄마 김덕아 감상문**

오늘도 재밌게 읽을 수 있어서 감사하다.

잠들기 전에 나도 내심 걱정이 되었다. 아빠가 아들을 위해 피곤한 몸을 이끌고 일어나긴 했다. 내 생각으로는 일어나기 싫을 텐데, 얼마나 일어나기 싫을까? 나 같았으면 속으로 '아 자고 싶다. 자고 싶다'라고 중얼거렸을 것이다.^^

그래서 우리 신랑은 대단하다.

하기 싫지만, 아들과 우리 가족을 위해 해야 할 일을 하기 위해서 오늘도 일어나 아들과 함께 운동장을 향해 갔다. 무엇보다 건강이 제일이라고 하니 무엇을 더 바라겠는가!

행복한 가정, 건강, 착한 아이들. 우리 가정은 참 행복한 것 같다. 감사하다.

남편에게 감사하다.

## 준비에 실패한 사람은
## 실패를 준비한 것과 같다

 밖에서 아들이 움직이는 소리가 들렸다. 어제저녁에도 비가 왔지만 운동을 하고 왔다고 했다. 나는 머리가 안 좋은 대신 목표를 정하면 시간이 있는 한 절대로 포기하지 않고 목숨을 걸고 노력하는 편이다. 우리 가족들은 안다. 그래서 빠르지는 않지만 계속 성장하고, 성취하고, 성공하고, 행복해하고 있다. 딸도 그렇지만 아들도 그런 것 같다. 한 가지 일을 하면 중간에 포기하지 않고 끝까지 해내는 편이다. 이번 미션은 아들에게 '뭐든지 할 수 있다'는 자신감이라는 인생에서 가장 소중한 디딤돌이 될 것이라 생각한다. 어제저녁에 비가 조금 와서 오늘 아침에도 비가 왔으면 하고 바랐다. 그동안 하루도 쉬지 않아서 하루 정도 쉬고 싶었기 때문이다. 아마 아들도 그럴 것이라고 생각한다. 아침에 밖을 내다보니까 비가 오지 않았다. '그래, 가자'라고 나 자신에게 말했다.

 오늘은 아들이 더 잘했다. 눈에 보이지 않게 천천히 발전하고 있는 것이다.

"여섯, 일곱, 여~덟, 아~홉, 여~얼, 오우, 잘한다."

여전히 열심히 뛰어 잡으려다 놓친 공을 무척 안타까워했다. 내 목소리는 조금씩 커져 갔다.

"여섯, 열, 좋아, 잘했어. 열~하나, 열~다섯, 좋아, 집중."

'오늘 혹시 석현이가 새로운 신기록을 세우지 않을까?'라고 속으로 생각했다.

"열~여섯, 하나만 더, 열~일~곱, 열~ 아…."

바닥에 있는 공에 맞아서 끝나 버렸다. 정말 안타까웠다.

나와 아들의 능력이나 노력이 부족해 끝난 것이 아니라 전혀 예상치 못한 사소한 장애물을 제거하지 않아 실패하게 된 것이다.

"잘했다. 정말 잘했어"라고 안타까워하며 칭찬해 주었다.

아들은 시계를 봤다. "아빠~ 마지막 해요"라고 말했다.

"좋았어"라고 하며 3개를 보여 주었더니 고개를 끄덕였다.

"둘~울, 셋, 좋아, 여덟, 아~홉, 여~얼 아~ 잘했다. 잘했어."

아들 눈을 보고 깔끔하게 인사를 했다. 만족스러운 표정이어서 기분 좋았다.

아들은 기분이 좋았는지 오는 동안 계속 얘기를 했다.

"아빠~ 강선이가 목포에 있는 빙수가게 아르바이트 면접 봤거든요? 아마 금요일과 토요일에 할 것 같아요. 시급도 최저임금 7,530원 받는대요."

"아~ 그래? 잘됐다. 다행이다."

"근데, 고등학생이라 처음에는 안 된다고 했대요."

"그래?"

"그런데, 강선이가 말을 잘해서 한번 와 보라고 했대요."

"잘했네."

"강선이는 인상이 좋으니까 잘된 것 같아요."

"그렇긴 하지?"라고 말하고 조금 생각하다가 "강선이가 끝까지 잘 할 것 같냐"고 물었다. 아들도 약간 생각하더니 걱정되는 듯 "모르겠다"고 말했다. 전에 아들 편의점에서 아르바이트를 했는데 사장님이 하루 만에 그만두라고 했었다.

"석현아~ 전에도 말했지만, 운동도 일도 건강해야 끝까지 할 수 있다는 것 알지? 우리가 건강을 위해 운동하는 것이 아니라 운동하고 일을 계속하기 위해 건강해야 하는 거야."

"네."

"아프다는 것은 이해는 되지만 자기 관리를 못 한다는 말이 되거든? 이유가 뭐든 간에 사용자는 자기에게 도움이 되는 사람을 원하는 거지… 그것이 돈보다도 중요한 신뢰라는 거야. 아빠는 일할 때 정말 힘들고 피곤한데도 일을 해야 한다는 책임감 때문에 아플 수가 없더라?"

"맞아요… 아빠~ 이력서 쓸 때 지금까지 가장 뿌듯했던 때를 쓰면 도움이 될까요?"

"당연하지."

"그러면 저는 세상에서 가장 뿌듯했던 일은 미션을 수행해서 10kg 이상 다이어트 한 것이라고 쓸래요. 그럼 뭔가 믿음을 줄 것 같아요."

"오~우, 좋아. 당연하지. 그 정도 해냈다는 것은 '이 사람은 목표가 있으면 포기하지 않고 끝까지 해내는 성실한 사람이다'라는 인상을 줄 수 있지. 목표와 끈기, 추진력, 성실성은 인생을 살아가는 데 가장 소중한 것들이야."

아들은 자신에게 다른 사람보다 좋은 자랑거리가 있다고 생각하고 그것을 다른 사람들이 알아 주었으면 하고 자랑하고 싶은 것이다. 말한다는 것은 자기 생각을 세상을 향해 선포하는 것이다. 선포하면 우리의 무의식은 그것을 이루기 위해 노력하게 된다. 아들은 지금 하는 미션이 가장 뿌듯하다고 선포했기 때문에 앞으로 절대로 포기하지 않고 노력할 것이다. 이것만으로도 우리의 미션은 이미 성공했다.


아들은 기분 좋았는지 집에 도착할 때까지 계속 말을 했다.

"아빠~ 어제저녁에 비가 조금 왔지만 운동 갔거든요? 근데 정말 더워서 땀이 엄청 많이 났어요."

"그래~ 어제저녁에 비가 왔는데도 정말 찜통처럼 덥더라."

자신이 정말 힘든 상황을 이겨 냈다는 것을 자랑하고 싶었던 것이다. 그래서 아들이 자신을 더 뿌듯해하도록 나도 정말 덥더라고 아들의 말에 공감해 주었다. 집에 와서 몸무게를 쟀는데 나는 어제보다 조금 늘었었다. 아들은 얼마나 빠졌을까 궁금했는데 어제보다 더 늘어서 75kg이었다. 그래도 나는 모르는 척했는데 아들이 말했다.

"아빠~ 이상해요. 어제는 야식 안 먹고 음식도 조금 먹었는데 더 나가요."

"그래? 그럴 수 있지~"라고 괜찮다는 듯 대꾸해 주었다.

아들이 야식을 먹지 않아서 다행이었다.

 **딸 이현지 감상문**

석현이의 이력서에 가장 뿌듯했던 일로 100일간의 미션 수행이 들어가다니 정말 좋은 생각인 것 같다. 아빠도 그 말을 듣고 정말 기분이 좋았을 것이다. 사소한 것은 사소한 것이 아니다. 정말 너무 맞는 말인 것 같다. 아빠가 하는 생각들은 정말 좋다. 두고두고 생각해 놓으면 좋을 말이다. 사소한 것들로 인해 사소한 것이 아니게 된다. 그러니 항상 신중하고 책임감 있게 행동하는 것이 필요할 것 같다.

석현이의 마인드가 아빠와의 미션 수행을 통해 점점 더 건강해지는 것 같아서 좋다.

## 어려울수록 더 재밌다

 100일 미션 60일, 테니스 46일 성공.
 처음 시작할 때는 할 수 있을까? 걱정했는데 이미 우리는 순풍에 돛을 달았다. 시작할 때는 나도 힘들고 아들도 힘들었지만, 하루하루 지날수록 그것은 아무것도 아닌 것이 되었고, 날마다 조금씩 발전했고, 성공했고, 행복했다. 모든 것이 쉬워지기 전에는 다 어렵다. 어려울수록 더 재밌다.

 코트에 도착해 아들은 인조 구장으로 바구니를 가져갔다. 오늘은 그동안 했던 것과는 표시 나게 아들이 더 잘했다.
 "여섯, 열, 좋아, 열~하나, 열~다섯, 좋아, 열~여섯, 하나만 더, 열~일~곱, 열~아~홉, 좋아, 잘한다. 스~물, 스물~다~섯, 집중, 스물~일곱, 하나만 더, 스물~아홉, 서~른, 하나만!"
 '조짐이 이상하다. 혹시 새로운 신기록을 세우지 않을까?'
 "서른~둘, 서른~셋, 집중, 서른~넷, 하나만 더!"
 나의 목소리는 계속 더 커져서 목이 쉴 정도였다. '한번 새로운 신기록을 세워 보자'라고 생각하고 모든 신경을 집중했다. 하나하나 늘어날 때마다 최고로 흥분됐다. 어디서 이런 쾌감을 반복적으로 느낄 수 있겠는가! 가장 소중한 아들과 신세계를 함께하기 때문에 그 쾌감이 몇 배 더 컸다.

"서른~다~섯, 좋아, 집중, 집중, 하나만, 서른~여~섯, 좋아, 하나만 더, 서~른~일~고~, 아 잘~했다. 잘했어. 오늘 제일 잘했다"라고 최고의 칭찬을 하며 팔을 올려 보여 주었다.

신기록을 세우지는 못했지만, 나도 좋았고 아들도 엄청나게 좋아했다. 바닥에 있는 공도 전보다 열심히 치웠고 훨씬 멀리 가는 공도 살려 냈다. 스스로가 자신의 잠재 능력을 보고 훨씬 열심히 한 것 같다.

"여섯, 열, 좋아, 열~하나, 열~다섯, 집중, 열~여섯, 하나만 더, 열~일~곱, 열~아~홉, 좋아, 좋아, 잘한다. 잘했어."

몇 번을 더하더니 "아빠~ 1개만 더 해요"라고 했다.

"그래"라고 말하고 손에 공 1개를 보여 주었다.

"둘~울, 셋, 네엣, 좋아, 여덟, 아~, 잘했다. 잘했어"라고 하면서 아들 눈을 보고 깔끔하게 인사를 했다.

아들 기분이 좋았기 때문에 공을 주우며 내가 말을 했다.

"석현아~ 너 오늘 정말 대단했다? 완전히 잘 치더라?"

"오늘은 손목이 좀 아파서 처음부터 강하게 치지 않고 정확히 맞추겠다는 생각으로 했더니 정말 잘 맞았어요."

"오! 그랬구나? 손목 아픈 것이 오히려 약이 되었구나! 나쁜 상황일지라도 긍정적으로 생각하면 더 좋은 결과가 나온다는 것 알지? 사람들이 습관적으로 치면서 끝까지 공을 보고 쳐야 하는데 마지막에 공을 놓치거든? 공을 칠 때는 자기가 목표로 하는 지점을 정확히 맞춰야 원하는 방향으로 보낼 수 있는 거지. 야~ 석현아~ 너 오늘 최고로 열심히 뛰어서 잡아내더라? 대단했어. 너도 살려 내니까 기분이 좋았지? 오늘 나도 얼마나 열심히 뛰었는지 봤지?"

"네."

아들에게 새로운 신기록을 경험하게 해 주고 싶어 다른 날보다 몇 배 더 열심히 뛰었으나 그렇게 하지 못해 아까웠다. 아들도 내가 열심히 하니까 따라 하는 것 같아 기분 좋았다.

우리의 삶은 항상 상대에게 도움이 되는 삶이 되어야 한다.

테니스를 하다 보면 그날 내가 어떤 파트너를 만나느냐에 따라 나의 실력이 평균보다 70%밖에 나오지 않는 경우가 있고, 150%가 나오는 경우가 있다.

파트너가 잘하면 내가 잘하게 되고, 못하면 나도 더 못하게 되는 경우가 많다. 그런 경험을 자주 하다 보면 다음에 게임을 할 때 나의 실력을 죽이는 파트너는 피하게 된다. 실력이 좋지는 않지만, 열심히 하고 나에게 기회를 만들어 주는 파트너와 게임을 하게 되면 잠재 능력이 나온다. 뿐만 아니라 나의 파트너도 중요하지만 상대편도 중요하다. 상대가 열심히 하는 사람이면 나도 훨씬 더 열심히 하게 되고, 지더라도 재밌다. 그런데 상대가 열심히 하지 않으면 이기더라도 재미가 없어진다. 잘 져 주는 방법도 알아야 한다. 상대가 눈치 채지 못하게 아슬아슬하게 져 주어야 한다. 눈에 보이게 건성으로 하면 상대는 자신을 무시한다고 생각해서 기분 나빠한다. 아주 열심히 하면서 상대가 최고의 성취감을 느끼도록 져 주어야 한다. 상대를 이기고 기분 나쁜 것보다도 아슬아슬하게 져 주었을 때 더 기분 좋은 경우가 있다. 상대방 기분 좋게 져 주는 것이 이기는 능력보다 훨씬 더 훌륭하다. 이것이 테니스의 묘미다. 인생도 마찬가지다. 매일 스치는 사람일지라도 아주 반가운 사람이 있지만, 피하고 싶은 사람도 있다.

집에 와서 아내에게 오늘 아들이 제일 잘했다고 자랑했다. 아들은 웃었고 아내는 칭찬했다. 아들이 먼저 몸무게를 쟀는데 어제보다 1.1kg이 줄어 73.9kg이었다. 이것도 우리가 미션을 한 이후 처음이었다.

내가 "오~우 대단한데?"라고 하니까 아들은 "말도 안 돼"라고 하면서 웃었다. 다음에 내가 올라갔는데 나 역시 59.9kg이어서 서로가 놀랐다. 아들은 "정말 저울이 고장인가보다"라고 말하며 웃었다.

밥을 먹으면서도 얘기를 계속했다. 이제 야식만 안 먹으면 될 것 같다고 해서 기분 좋았다.

"우리가 서로 최선을 다하니까 훨씬 더 재미있었지?"

"네."

"그게 시너지 효과라는 거야. 삶이란 것이 그렇더라? 한 사람이 열심히 하는 것보다도, 같이 최선을 다하는 것이 과정도 행복하고 결과도 최고로 좋게 나오더라?"

은근히 강선이를 생각하도록 한 얘기였다. 착한 것은 좋은 일이지만, 옆에 누가 있느냐에 따라 삶이 바뀔 수 있기 때문에 강선이도 열심히 살았으면 한다는 의미고, 아들이 강선이를 잘 유도했으면 하는 바람에서 한 말이다.

 **딸 이현지 감상문**

아빠와 함께하면 항상 시너지 효과가 난다.
석현이가 이 미션을 다른 사람과 했다면 아빠와 하는 것보다 성공률이 높지 못했을 수 있다. 아빠는 석현이의 최고의 파트너이고 석현이도 아빠의 최고의 파트너인 것 같다. 아빠처럼 잘 가르쳐 주기가 쉽지 않을 텐데 아빠는 석현이가 만족하고 감사함을 느끼도록 정말 잘 가르쳐 주는 것 같다. 이렇게 아빠와 석현이가 함께 하는 시간이 계속 많았으면 좋겠다.
아빠와 석현이 둘 다 살을 굉장히 많이 뺐다. 식단뿐만 아니라 꾸준히 운동으로 뺀 거라 더 뿌듯할 것 같다.

## 감정이 뇌를 지배하는 것이 아니라 뇌가 감정을 조절한다

정구팀과 불미스러운 일이 있어서 그제 저녁에 운동을 못했고, 어제 아침에는 비가 와서 못했는데 오늘은 다행히 할 수 있었다.

오늘도 신중하게 치는 것 같았다.

"여섯, 열, 좋아, 열~하나, 열~다섯, 좋아, 집중, 열~여섯, 하나만 더, 열~일~곱, 열~아~홉, 아~아, 아깝다. 좋아, 좋아, 잘했어"라고 최고로 칭찬을 해 주었다.

"여섯, 일곱, 굿, 잘한다."

몇 번을 더하더니 "아빠~ 1개만 더 해요"라고 말했다.

"그래"라고 하고 공 1개를 들어 보여 주었다. 고개를 끄덕이며 집중했지만 빗맞아서 실수했다. '하나를 더 하자고 할까?' 생각하다가 그만했다. 아들 눈치를 보니까 더 하고 싶은 표정이었으나 아들이 말하지 않아 마무리 인사를 했다. 그것도 아들의 선택이기 때문이다.

주인과 머슴은 같은 일을 해도 엄청난 차이가 난다.

주인은 스스로 일하고, 머슴은 누가 봐야 일한다.

주인은 힘든 일을 즐겁게 하고, 머슴은 즐거운 일도 힘들게 한다.
주인은 스스로 움직이고, 머슴은 주인에 의해 움직인다.
주인은 자신이 책임지고, 머슴은 주인이 책임진다.
주인은 되는 방법을 찾고, 머슴은 안 되는 핑계를 찾는다.

아들 스스로 선택하도록 하는 이런 사소한 것들이 아들의 앞날에 엄청난 차이를 만들 것이라고 생각한다. 미션을 하며 모든 것을 아들 스스로 선택하고 결정하도록 한 것이 내가 가장 힘든 선택이었고 가장 잘한 선택이었다.

나는 안 먹을 것이라는 것을 알면서 아들에게 점심 먹을 거냐고 물어보았다. 치과에서 이빨 교정 때문에 입 안에 뭘 넣어서 음식을 먹으려면 그것을 빼고 먹어야 하기 때문에 이제는 밖에서 뭐 못 먹는다고 했다.

"오! 그래? 오히려 잘됐네?"라며 웃어 주었다.

집에 와서 몸무게를 쟀다. 나는 어제 아침에 59.9kg이었는데 오늘은 60.5kg이 나갔다. 아들은 걱정하며 저울에 올라갔는데 놀랍게도 73.1kg이었다. 어제 73.9kg이었는데 800g이 줄었다. 62일 만에 거의 10kg을 뺀 것이다.

"오~우~ 대단한데?"

"아니~ 아니야~ 기계가 뭔가 이상해~"라고 하면서도 기분 좋아했다.

"거의 10kg을 뺐네? 전에 75kg까지 뺐었다고 했지?"

"네."

아들 스스로가 대단하다고 느끼도록 물어봐 준 것이다. 강요가 아닌, 스스로 결정하고 노력해서 해낸 성과는 우리를 정말 행복하게 해 준다.

오늘도 특별한 일이 없었기 때문에 테니스 일기를 쓰기 싫었는데 일단 쓰기를 시작하니까 이렇게 뿌듯하다. 사람의 뇌는 보통 감정의 지배를 받는다. 감정이 원하는 것을 뇌는 사후에 합리화한다. 그런데 나는 글을 쓰면서 뇌가 긍정적인 생각으로 가치를 만들면 그 후에 감정이 좋아지는 것을 자주 느꼈다. 감정이 뇌를 지배하는 것이 아니라 뇌가 감정을 조절한다는 것이다.

이 또한 내가 테니스 일기를 쓰며 깨달은 소중한 보물이다.

 **딸 이현지 감상문**

오랜만에 테니스를 해서 더 열심히 했을 것 같고 컨디션도 좋았을 것 같다. 무엇을 하든지 능동적으로 하는 것이 중요하다. 주인이 되는가, 머슴이 되는가는 자신이 어떻게 생각하느냐의 차이인 것 같다. 아빠와 석현이는 그것에 있어 주인이며, 능동적이다. 그러면 같은 일을 하더라도 더 많은 것을 얻어서 자기 것으로 만들 수 있다.

나는 그런 점이 조금 부족하지만 마음먹고 시작하는 것이 중요하니까 점점 더 스스로 능동적으로 하려고 하고 소중하게 생각하려 한다.

오랜만에 테니스 실력도 몸무게도 점점 더 탄력을 받는 것 같아 기분 좋다.

## 훌륭한 선택을 하는 것보다도
## 훌륭한 선택으로 만드는 것이 더 중요하다.
## ALL-WIN?

일기 예보에 아침부터 비가 온다고 했다. 다른 때 같았으면 비가 오면 테니스를 할 수 없기 때문에 싫었는데 그동안 지쳤는지 비가 한 번 왔으면 했으나 오지 않았다. 일어날까 말까 고민하며 침대에서 기다리는데 아들이 들어와 깨웠다. 몇 시냐고 물었더니 8시 15분이라고 했다. 7시에 깨워 주기로 했는데 늦어서 미안하다는 투로 말했지만 모른 척했다. 지금까지 아들은 쉬는 날 약속 시간을 거의 지키지 않았다. 그래서 언젠가는 아들에게 약속을 지키라고 말할 계획이다.

오늘도 클레이 코트로 바구니를 가져갔다. 공을 넘겨주려는데 나를 불러 '서브'를 넣어 달라는 표시를 했다.
"알았어!"
어떤 생각으로 서브를 넣어 달라고 하는지 궁금했지만 묻지 않고 참았다.
"여섯, 여~덟, 여~얼, 열~세~엣, 좋아, 열~여~섯, 하나만 더, 열~일~곱, 열~아~홉, 스~물, 집중, 스물~하나, 좋아, 집중, 스~물 두~, 아~

아까워, 잘했다, 정말 잘했다."

처음부터 집중하고 열심히 해서 엄지 척을 하며 팔을 들어 보여 주었다.

"여섯, 여~덟, 아~홉, 여~얼, 좋아. 잘한다. 집중. 열~다~섯, 좋아 집중. 열~여~서~ 앗, 잘했다. 잘했어."

열심히 뛰어서 잡으려다 놓친 공을 무척 안타까워했다.

"여섯, 열, 좋아, 열~하나, 열~다섯, 좋아, 집중, 열~여섯, 하나만 더, 열~일곱, 열~여덟, 열~아~홉, 아~아, 아깝다. 좋아, 좋아, 잘했어."

차츰차츰 공 컨트롤이 좋아지고 있다. 몇 번을 더 하더니 "아빠~ 1개만 더 해요"라고 말했다.

"그래"라고 말하고 손에 공 1개를 들어 보여 주었다.

집중하는 자세를 취했는데 빗맞아 실수했다. 우리의 눈이 마주쳤다. '하나만 더'라고 말해 주기를 간절히 바랐는데 역시 아들은 나의 기대처럼 "아빠~ 딱 하나만 더 해요"라고 말했다.

"좋아"라고 크게 말하고 더 집중해서 공을 넘겨주었지만, 아들은 이번에도 실수를 했다. 서로 쳐다보다 우리는 웃으면서 인사를 했다.

"석현아~ 오늘은 처음부터 끝까지 집중해서 잘하더라?"

"네. 잘되었어요."

"봐라"라며 바닥의 공을 가리켰다.

"오늘은 정말 적게 쳤네요? 전에는 평균 100개를 쳤는데, 오늘은 제일 적게 친 것 같아요"라며 자기를 칭찬했다.

"그래. 오늘 제일 잘했다. 한 번 세어 볼까?"

"네"라고 하며 공을 세어 보니 65개 정도였다.

"정말 적게 쳤네요."

"그래 정말 잘했다. 이렇게만 하면 금방 아빠와 게임할 수 있을 것 같다?"

아들이 게임하자고 해 주기를 바라며 얘기했으나 여전히 아들은 말하지 않았다. 코트 정리를 하고 휴게실로 들어갔다.

"석현아~ 아빠는 처음 테니스를 배울 때 기초 넘기기를 몇 번 한 후에 바로 게임에 들어갔다? 아마 넘기는 것 15일쯤 하고 게임했을 거야."

"진짜요?"라고 아들은 놀라며 말했다.

"정말이야. 동길이 삼촌이 그렇게 가르쳐 주셨어. 게임을 하면 훨씬 더 집중하게 되거든? 강한 것보다도 살리는 것이 중요하니까 아빠는 최선을 다해 넘기거든! 그러면 상대가 실수해서 내가 이기게 되는 거지."

"아~"

요즘 아들의 자존심과 도전정신을 자극하고, 이제는 게임을 해도 되기 때문에 게임을 해 주라고 하라는 뜻으로 계속 게임 얘기를 한다.

"또 게임을 하다 보면 내가 잘해서 이길 때도 좋지만, 상대를 일방적으로 이기면 또 재미가 없어진다? 상대가 기분 나빠하기 때문이야. 용호상박이라고 알지. 실력이 서로 아슬아슬하게 비슷하면 정말 재미있다?"

"네."

세상이 그렇다. 내가 실력이 뛰어나더라도 상대의 자존심을 죽이면 득보다도 실이 많다. 아무리 잘해도 상대를 쪽팔리게 하지 말라는 말이 있다. 그 사람은 원한이 생겨 나를 적으로 생각하게 된다. 그렇다고 건성으로 하는 것도 상대를 무시하는 것 같아 기분이 좋지 않다. 물론 나도 재미가 없어지고 실력도 안 나온다. 실력이 낮은 사람과 게임을 할 때 더 배려하고 더 열심히 해야 서로가 기분이 좋아진다. 홍익인간? WIN-WIN을 넘어서 ALL-WIN이다. 나는 항상 ALL-WIN을 목표로 의사 결정을 하려고 한다. 처음에는 힘들고 어려웠지만, 시계의 시침처럼 천천히 익숙해졌다.

아들에게 오늘은 72kg으로 빠졌겠다고 했더니 아마 어제와 거의 같을 거라고 했다. 어제 음식 많이 먹었냐고 했더니 점심 한 끼만 먹었다고 했다. 아들은 안 빠졌을 것을 걱정해서 겸손하게 말했지만, 나는 "그럼 더 빠졌을 거야"라고 자신감을 키워 주는 말을 했다.

"그래도 밥은 항상 조금씩 먹어라? 그러다 한 방에 훅 가는 수가 있으니까? 다이어트가 중요한 것이 아니라 건강이 중요한 거니까?"

"네~"

어제는 밥을 안 먹겠다고 해서 오늘도 그럴 줄 알았는데 아들이 먼저 말했다.

"아빠~ 지금 조미화 곱창집 문 열었을까요?"

"아마 열었을걸? 전화해 보자."

친구에게 전화했더니 준비해 놓겠다고 했다. 가는 동안 아들은 누나가 이번에 합격할 것이라고는 생각도 못 했다며 대단하다고 했다. 곱창집 친구와 친구 부인이 우리를 보고는 아들에게 계속 칭찬했다.

"너 정말 대단하다. 대단해~"

아들은 웃기만 했다. 밥을 먹고 오는데 친구 부인이 우리에게 다시 칭찬했다.

"부럽네요. 장하네요. 장해. 정말 좋겠어!"

요즘 만나는 사람마다 나를 부러워한다. 자식을 키우는 이유가 이것 때문인 것 같다. 아이들이 공부를 안 하고 기대만큼 안 될 때는 아이들을 내 맘대로 할 수가 없어서 세상에 가장 어려운 것이 자식 키우는 것이라고 생각했었다. 아내도 아이들에 대한 나의 교육관에 대해 의심하는 경우가 많아 불안했지만 내 생각대로 계속해 왔었다. 그런데 그 선택이 요즘 와서 제일 잘한 선택이었다는 생각이 든다. 나의 선택이 틀렸을 때 느끼는 그 자괴감, 많은 사람들이 느꼈을 것이다. 그런데 우리 아이들이 나를 훌륭한 선택을 한 사람으로 만들어 주었다. 이 얼마나 행복한 일인가! 훌륭한 선택을 하는 것보다 훌륭한 선택으로 만드는 것이 더 중요하다.

오늘도 즐거운 마음으로 테니스 일기를 쓸 수 있어서 좋다.

## 유혹을 이겨 낸다는 것은
## 불행의 씨앗을 없애는 일이다

아들이 쉬는 날은 7시 30분에 하자고 자기가 정해 놓고 한 번도 지키지 않아 나는 언젠가 말을 해야겠다고 생각했었는데 드디어 오늘 아침에 말했다.

"석현아~ 요즘 너 왜 아빠 깨우지 않니? 쉬는 날도 네가 7시 30분에 시작하자고 해 놓고 한 번도 지키지 않더라? 미리 얘기해 줘야 나도 준비할 것 아니겠어? 앞으로는 항상 나를 깨워 주고, 약속 시간이 변경되면 미리 알려 줘라?"

아들은 "네"라고 미안하다는 듯이 얘기했다.

오늘도 클레이 코트로 바구니를 가져갔다.

"일곱, 아~홉, 집중, 여~얼, 열~세~엣, 좋아, 열~여섯, 하나만 더, 열~여덟, 열~아~홉, 하나만, 스~물, 좋아, 스물~하나, 집중, 스~물 두~ 오우~ 아까워, 잘했다, 정말 잘했어. 낮은 것은 발을 쭈~욱 펴서 올려 치는 거야."

알았다는 뜻으로 고개를 끄덕였다.

중간에 회원이 와서 아들 테니스 하는 것을 보고 칭찬했다.

"오우~ 많이 늘었는데? 아빠보다 힘이 더 좋네? 아빠와 단식해도 되겠다?"라고 하니까 아들은 기분 좋게 웃었다.

"다섯, 여섯, 열, 좋아, 열~하나, 열~다섯, 좋아, 집중. 열~여섯, 하나만 더, 열~일곱, 아~아, 아깝다. 좋아, 잘했어."

아들은 시계를 봤다. 내 손에 공이 2개 있는 것을 보더니 "아빠~ 손에 있는 거 하고, 1개만 더 해요"라고 말했다.

손에 있는 것만 하자고 할 줄 알았는데 하나를 더 하자고 해서 기분이 좋았다. "그래"라고 하고 신중하게 넘겨주었다.

"다섯, 여섯, 일~곱, 좋아~ 잘했어."

집중하라는 뜻으로 손에 공 한 개를 들어 보여 주었다. 고개를 끄덕이며 집중하는 자세를 취했다. 그런데 빗맞아 실수를 했다. 우리 눈이 마주쳤지만, 서로가 아무 말 하지 않고 웃으며 인사를 했다.

"석현아~ 정말 잘했다. 오늘도 처음부터 끝까지 잘하더라?"

"네. 잘되었어요."

"봐라."

"오늘도 어제와 비슷하네요?"라고 잘했다는 투로 얘기했다.

세어보니 어제는 65개를 쳤는데 오늘은 62개 정도 쳤다.

"어제보다 몇 개 더 적은 것 같아요"라고 말하며 웃었다.

코트 정리를 하고 알면서도 일부러 아들에게 다시 물었다.

"석현아~ 아까 그 아저씨가 뭐라고 하든?"

"잘한다며 아빠와 게임해도 되겠다고 했어요."

"아~그래?"

아들이 게임하자고 해 주기를 바랐는데 아직도 게임하자는 말은 하지 않았다.

오면서도 계속 얘기를 했다.

"너 그제 73.1kg이었지? 오늘은 72kg으로 빠졌겠다?"

"에이~ 어제 저녁을 먹어서 아마 어제와 거의 같을 거예요."

여전히 아들은 신중했다. 내가 먼저 몸무게를 쟀는데 내가 생각한 것보다도 많이 빠졌었다. 58.8kg이었다. 65.7kg에서 6.9kg이나 빠졌다. 보고 있던 아들도 놀랐고, 아내도 놀라며 대단하다고 했다. 아내가 말했다.

"여보~ 사람들이 당신 얼굴 보고 너무 안 좋대~ 딸 공무원 합격하고 얼굴이 더 좋아야 하는데 무슨 일 있냐고 그래~"

"너무 티내면 안 되잖아?"라고 하면서 우리는 웃었다.

아들이 올라가는데 약간 불안한 표정이었다. 그런데 아들도 엄청 빠져 있었다.

처음 82.7kg에서 72.5kg으로 10.2kg이나 뺀 것이다.

"오~우. 대단한데? 대단해~"

"아~ 아닌데? 뭔가 이상해요"라고 하면서도 뿌듯해했다.

"앞으로 야식만 안 먹으면 65kg까지도 가능하겠다. 절대 야식 먹으면 안 돼?"

"이제 야식은 안 먹어요"라고 의심 없이 말했다.

유혹을 이겨 낸다는 것이 정말 어려운 일인데 아들은 64일 만에 제일 힘들어하던 것을 이겨낸 것이다. 유혹을 이겨 낸다는 것은 불행의 씨앗을 없애는 일이다. 얼마나 기분 좋을까? 역시 아들은 늦기는 해도 포기하지 않는다. 포기하지 않으면 불가능은 없다. '좋은 습관'은 평생 '이자'를 받을 수 있는 '보물'이다. 시간이 지날수록 이자는 기하급수적으로 커진다. '나쁜 습관'은 평생 갚아야 하는 '빚'이다. 그것을 없애지 않으면 죽을 때까지 '지불'해야 한다. '평생 이자를 받고 사느냐, 갚고 사느냐'의 '선택권'은 자신에게 있다. 평생 갚아야 할 빚을 이번 미션으로 한 방에 날려 버린 것이다. 유혹의 걸림돌을 발전의 디딤돌로 완전히 바꾼 것이다.

아들은 경영을 할 줄 안다. 주변의 자원을 잘 활용한다.

혼자는 어렵다는 것을 알고, 나에게 도움을 요청해 100일 미션을 시작했고, 야식 유혹을 이겨내기 위해 또 나와 내기를 했고, 엄마의 도움과 치과에 다니는 기회를 잘 활용했다. 작은 투자로 엄청난 것을 얻은 투자의 귀재다. 돈보다 가치를 만드는 멋진 투자에 성공한 것이다. 아들 덕에 우리 모두가 엄청난 부자가 된 것 같다. 이 얼마나 행복한 일인가!

**딸 이현지 감상문**

체중 감량이 더 잘 되는 것 같다.

석현이가 너무 안 먹을까 봐 걱정이 되긴 하지만 아빠와 석현이 모두 목표했던 양보다 더 달성할 수도 있을 것 같다. 오늘 집에 가는데 오랜만에 보는 아빠와 석현이가 겉으로 보기에도 달라져 있을지 정말 기대가 된다. 그리고 100일 미션이 끝나고도 체중 조절 잘해서 그 몸무게를 유지했으면 좋겠다. 그리고 석현이가 어서 아빠에게 게임하자고 먼저 말해 더 큰 기쁨을 얻었으면 좋겠다.

아빠가 석현이를 그냥 가르쳤으면 힘들었을 수도 있는데 가르치면서 아빠가 많은 것을 얻어 내고 기쁨이 큰 것 같아 참 좋다.

## 극한 상황에서
## 잠재 능력이 나온다

아들에게 깨워 달라고 한 후로 알람을 사용하지 않았다.

오늘도 먼저 일어나 조금 있으니까 아들 방에서 알람이 울렸다. 깨워 주기를 바라며 누워 있었는데 들어오지 않았다. 아들도 하기 싫은 것 같고, 나도 하기 싫어서 깨우지 않으면 안 해 버릴 생각을 하고 있는데 아들이 들어왔다.

"아빠~ 6시 10분이에요."

약간 미안한 목소리로 말했다. 기분이 좋지 않았지만 말하지 않고 기초 운동을 했다. 가면서 핸드폰으로 음악 듣는 것에 대해 물었다. 외국 음악을 많이 듣는다고 했다. 아들과 공감하고 공유하기 위해 나도 다운 받아 달라고 부탁했다.

오늘도 멀리 떨어져 있는 공을 잡으려고 최선을 다해 뛰었다. 아들이 열심히 할수록 나도 최선을 다했다. 오늘도 멋지지는 않지만 발리를 여러 번 성공했다.

"여섯, 여덟, 여~얼, 좋아, 잘했어, 열~둘, 열~세~에~, 아~ 잘했다.

잘했어."

실력이 늘면 늘수록 감동은 적어진다. 전에는 몇 개만 넘겨도 신기하고 기특했는데 내 욕심이 커져가는 만큼 아들의 실력이 따라오지 못한다.

"열하나, 열 둘, 집중, 스~물, 하나만 더, 스물~하나, 스물~아홉, 좋아, 좋아, 집중. 서~른 오우, 잘했다. 잘했어."

나의 목소리는 점점 더 커져 갔다. 지난번에 48번을 해 버렸기 때문에 새로운 신기록을 세우기란 정말 어려운 일이었다. 하지만 서른을 넘기면서 욕심이 생겼다. 잠재 능력은 평범한 상황보다는 극한 상황에서 나온다. 특별한 목표와 욕심이 있어야 최선을 다하고, 목숨을 거는 노력 끝에 자신도 모르는 잠재 능력이 나오게 되는 것이다.

"서른~하나, 서른 일~곱, 좋아, 신중하게, 마~흔, 좋아, 좋아, 하나만!"

이제 9개만 더 하면 새로운 신기록이다. 아들도 나처럼 오늘 새로운 신기록을 경신하겠다는 각오를 한 것 같았다.

"마흔 두~울, 좋아~이, 집중, 마흔~여섯, 하나만, 하나만, 일~곱, 하나만!"

더욱 더 커져가는 목소리가 하나만 더하면 전에 했던 것과 같다는 말이라는 것을 아들도 알 것이다.

"마~흔 여덟, 좋아, 좋아, 좋아, 하나만 더, 마~흔 아~홉, 좋아, 잘했어, 해냈어, 집중."

신기록을 세운 김에 50개를 넘기자는 욕심이 생겼다.

"좋아~ 집중, 쉬~ 우~아~ 아깝다. 잘했다. 잘했어, 정말 잘했다. 새로운 신기록이다. 대단하다. 지난번에 48개였지?"

"네."

"정말 잘했다"라고 칭찬하며 엄지 척을 하고 두 팔을 들어 보여 주었다.

나도 아들도 얼마 만에 느끼는 감동인가? 신기록을 세우고도 계속 열심히 해서 정말 기분이 좋았다. 몇 번을 더하고는 마지막을 하자고 했다.

"열두울, 열~셋, 오~우. 신중하게 집중, 스~물 세~엣, 스~물~네~엣, 스물~다~서~ 아. 잘했다. 잘했어"

우리는 만족스러운 얼굴로 서로를 쳐다보고는 웃으며 인사를 했다. 집으로 오면서 아들에게 말했다.

"석현아~ 새로운 신기록을 세우니까 기분이 어때?"

"좋죠."

"숫자가 늘어날수록 훨씬 더 집중하게 되고 신중해지지?"

"네."

"정말 잘했다. 신기록을 세우겠다는 목표가 있으면 그렇게 집중이 되는 거야. 게임을 하게 되면 실수하지 않으려고 훨씬 더 집중하게 되겠지?"

"네."

게임을 해 달라고 하기를 바라며 말했는데 여전히 아들은 말하지 않았다. 그래도 앞으로 8일 남았다. 그 안에 아들이 먼저 게임을 하자고 할 것이라고 생각한다.

집에 와서 몸무게를 쟀다.
나는 이미 목표를 넘어섰는데 아들은 아직 3kg을 더 빼야 하기 때문에 내가 너무 잘해도 안 될 것 같은 생각이 들어 어제저녁에도 늦게 밥을 먹었다. 나는 59.6kg이 나갔고, 아들은 72.6kg으로 어제와 비슷했다. 아들은 무표정했다. 임계점을 넘기 위해서는 기초 운동도 조금씩 더 늘려 가고, 테니스도 조금씩 더 많이 했으면 하는데 아들은 매일 같은 수준으로 운동을 한다. 몇 번이고 말을 할까 생각했는데 하지 않았다. 그러나 이제는 해야 할 시기라는 생각이 든다.

아들은 얘기를 계속했다.
"아빠~ 어제 누나한테 제가 20만 원 줬어요~"
"오~ 그래? 언제?"
"누나가 가면서 달라고 했잖아요. 그래서 입금해 주고 문자 보냈어요. 처음에는 10만 원만 줄까 생각했는데 어차피 100만 원 받을 거니까 20만 원 보냈어요."
"오우~ 대단한데? 그런데 무슨 100만 원?"
"미션 성공하면 아빠가 주신다고 했잖아요. 어차피 성공할 거니까~"

"오~우 그래? 자신 있다 이거지?"

어제 딸이 아들에게 축하 선물 없냐고 몇 번 물었었다. 그래서 착한 아들이 누나에게 준 것이다. 우리 집 남매는 다른 아이들보다 더 잘 지낸다. 다른 아이들은 형제자매끼리 많이 싸운다는데 우리 아이들은 내가 보는 앞에서는 한 번도 싸우지 않았다. 그것만으로도 다행이고 행복한 일이다.

 **딸 이현지 감상문**

아빠가 석현이에게 자주 듣는 노래를 알려 달라고 한 것은 관심사를 나누기 참 좋은 기회인 것 같다. 석현이도 아빠가 물어봐서 좋았을 것이다. 또 석현이는 아빠가 임계점을 넘기 위해 점점 운동량을 늘려야 한다는 말을 들으면 더 좋은 생각들을 할 수 있을 것이다.

석현이는 생각의 크기가 크다.

큰돈인데도 나에게 선물로 주어 정말 고맙고 석현이가 돈을 잘 모아가는 것 같아 뿌듯하다. 아빠가 어렸을 때부터 독립 얘기를 많이 했는데 그것이 석현이에게 아주 좋게 작용한 것 같다. 아빠가 또 옳은 선택을 해 온 것이 증명되는 것 같다.

## 포기하는 때는 대부분
## 성공 직전이다

어제 신기록을 세워서 그랬는지 오늘은 처음부터 못 했다.
"일곱, 아~홉, 여~얼, 열~하~나~ 아, 와~ 잘했다. 잘했어."
시간이 지날수록 아들이 조절하는 것 같아 기분이 좋았다.
"여섯, 여~덟, 여~얼, 열하나, 열둘, 집중, 열아홉, 스~물, 하나만 더, 스물~하나, 스물~둘, 아~ 오우, 잘했다. 잘했어"
엄지 척을 해 보이며 숨쉬기를 하라는 표시를 했다.
"여섯, 여~얼, 열둘, 집중, 열일곱, 하나만 더, 스~물, 잘했다, 잘했어."
한참 열심히 하다가 아들은 마지막을 하자고 했다.

집에 오는 길에 아들에게 물었다.
"석현아~ 누나가 좋아하디?"
"아무 말도 안 했어요"라고 하며 서운한 표정이었다.
"어제 나한테 생각지도 않게 네가 많이 줘서 너무 기뻤다고 하더라?"

아들에게 정말 어렵고 큰 결정을 했다는 용기를 주기 위해 한 말이었다. 내 말에 아들 기분이 좀 풀렸으면 했는데 어쨌는지 궁금하다.

몸무게를 쟀는데 어제 친구들과 저녁을 먹어서 몸무게가 많이 나갈 것으로 예상했는데 60.8kg이었다. 어제보다도 1.2kg이 는 것이다. 아들도 어제 음식도 많이 먹지 않고 운동을 열심히 했는데 어제보다도 0.6kg이 늘었었다.
"어제 밥도 많이 먹지 않았는데 늘었네요?"
기분이 좋지 않은 표정이었다.
"차츰 좋아질 거야"라고 했지만 내 속마음은 '더 열심히 해야 한다'였다. 언제 말할까 고민하다가 밥을 먹으며 말했다.
"석현아~ 지금 10kg 정도 뺐잖아? 그런데 더 빠지지 않는 것은 운동량이 매일 똑같기 때문일 거야. 나는 기초 운동 하면서 푸시업도 3일에 하나씩 늘려가고 있거든? 복근 운동도 그렇고… 지금이 네가 넘어야 할 임계점인 것 같다. 앞으로 운동 강도도 더 높이고 운동량도 더 늘려야 할 거야."
"네."
아들이 자신감 없이 말해 내 마음은 안타까웠다.
"기초 운동을 하는 것이나 테니스를 하는 것이 매일 반복되면 몸에서 익숙해지기 때문에 세포는 열량을 덜 소모하게 된단다. 전보다도 더 많은 열량을 소모하려면 2배 이상 노력해야 하는데 너는 그렇게 하지 않지? 저녁에 운동하는 것도 자기만족을 위한 것이고. 물론 그것만으로도 대견하지만, 미션 성공을 위해서는 더 많은 노력을 해야 할 거야."

"네. 그렇겠네요."

대부분의 사람들이 목표를 정해 놓고 열심히 하다가 성공하기 직전에 포기한다.

처음에 시작할 때는 굳은 각오로 전보다 많은 노력을 하기 때문에 눈에 보이게 성과가 나오지만, 시간이 지날수록 투입량에 비해 성과가 없어진다. 똑같은 강도의 자극을 계속 받게 되면 우리는 다르다는 생각을 하지 못한다. 한계 효용 체감의 법칙과 같다. 다이어트도 그렇고 테니스도 그렇다. 내가 쓰는 테니스 일기도 여러 가지 이유로 열정이 식어 가고 있다. 더 높은 강도의 노력과 새로운 기술의 개발이 없으면 감정이 느끼는 감동은 거의 없게 되는 것이다.

아들이 그것을 깨닫고 내일부터는 실천해 줬으면 한다.

내일은 더 잘하고 재미있을 것이다.

## 위기는 기회다

100일 미션 70일, 테니스 55일 성공했다.

어제저녁에 아들이 늦게까지 아르바이트하고 왔는데도 아침 7시 반에 나를 깨웠다. 새로운 각오를 하고 더 열심히 하기 위해 일찍 일어난 것 같다. 며칠 전에 아르바이트하는 곳에 가서 다음 날 비가 올 것 같다고 했더니 아들은 "그럼 군청에서 하면 되죠?"라고 했다. 비가 오더라도 운동을 하려는 의지가 있어 좋았다.

기초 운동을 하고 운동장으로 갔다.

어제부터 서브를 시작했기 때문에 오늘은 어떻게 할지 궁금했는데 오늘도 서브를 할 곳으로 바구니를 가져갔다. 처음 시작할 때는 거의 공이 제대로 넘어오지 않았다. 공이 하나 넘어올 때마다 나는 칭찬을 해 주었고, 다시 넘겨서 우리는 랠리를 계속했다. 조금 하다가 아들이 "아빠~ 무릎이 너무 아파요"라고 해서 걱정했다. "그래?"라고 하고 같이 의자에 앉았다. 시작한 지 5분도 되지 않아서 어떻게 할지 고민하다가 움직이지 말고 언더 서브를 넣으라고 했다. 다행히 아들은 계속했다. 혼자 하면 하기 싫을까 봐 나는 반대편에서 아들이 넘겨주는 서브를 받아 넘기는 것을 계속했다. 언더 서브는 가장 쉬운 단계인데도 처음에는 잘 하지 못했다. 다시 가서 쉽게 하는 방법을 알려 줬더니 알았다고 했다. 차츰 잘 했고 바구니 전체를 다 비웠다. 나는 조금 더 했으면 하는 생각에 인사를 하지 않았다. 아들도 나의 눈치를 보더니 인사를 하지 않고 공을 주워 담기 시작했다. 공을 주우며 아들에게 물었다.

"석현아~ 더 할 거니?"

"다리가 계속 아파요."

그만하자는 얘기였다. 며칠 전부터 손가락이 계속 아프다고 했고, 오늘은 무릎이 아프다고 해서 테니스를 포기할까 봐 걱정했다.

"석현아~ 계속 무릎과 손가락이 아프면 어떻게 할래?"

미션이 30일 남았고 다이어트도 성공해야 하기 때문에 걱정스럽게 물었다.

"그래도 100일까지는 계속해야죠?"라고 해서 기분 좋았다. 고민하다가 교정을 잘하시는 선배님께 전화로 도와줄 수 있느냐고 물었더니 기꺼이 도와주겠다고 해서 갔다. 아들 몸을 보더니 우리가 생각했던 것보다도 안 좋다고 했다. 몸이 뚱뚱해서 허리가 아팠고, 오늘도 무릎이 아팠던 것이라고 했다. 내 마음도 아팠다. 그동안 아들이 의지가 약하고, 끈기가 없고, 운동도 하기 싫어한다고 실망스러워했었는데 아니었다. 그동안 안 한 것이 아니라, 할 수가 없었던 것이다. 그러면서도 100일 미션을 위해 끝까지 하겠다고 한 아들이 정말 대단하다. 지금이라도 아들 몸 상태를 알게 되어 정말 다행이다. 아들 교정을 다 하고 나도 부탁을 드렸더니 여러 가지를 봐 주셨다.

위기는 기회라고 했다. 그 상황을 어떻게 보느냐에 따라서 가치가 달라진다. 아파서 운동은 할 수 없었지만, 다행히 아들을 많이 알게 되었고, 아들을 보면 부정적인 생각이 들었던 것이, 이제는 안타깝고 긍정적인 생각이 든다.

11시가 다 되어 오는 도중에 아들에게 곱창을 먹자고 했더니 한참을 생각하다가 그러자고 했다. 다이어트에 요즘 스트레스를 받고 있는 것 같았다. 예약하기 위해 전화를 했는데 받지 않았다. 다른 식당으로 가자고 몇 번을 말했는데 아들은 먹지 않겠다고 했다.
 '다이어트는 해야 하고 몸이 좋지 않아 테니스는 어려울 것 같은 상황에서 아들은 지금 무슨 생각을 하고 있을까? 아버지로서 내가 해 줄 수 있는 것이 무엇일까? 답답하다.'

한 달 남았다.

## 기적이 일어났다

 그동안 아들 몸도 좋지 않고 장마가 시작되어 테니스를 못 해서 정말 안타까웠는데 미션 며칠 남겨 놓고 아들이 아침에 테니스를 하자고 했다. 테니스에 흥미를 잃은 줄 알았는데 그렇지 않아 너무나 기분이 좋았다. 놀라운 일이 벌어졌다. 테니스를 한 번 했더니 73.4kg이던 아들 몸무게가 70.7kg이 되었다. 그 후 한 끼도 먹지 않고 과일만 먹으며 하더니 미션 마지막 날에는 69.3kg으로 뺀 것이다. 이 얼마나 감동적인가!

 지난 9월 17일 아침 100일 미션 100일째, 우리의 목표 아들 이석현 82.8kg에서 69.3kg으로 13.5kg 감량 성공, 나 이영주 65.8kg에서 59.6kg으로 6.2kg 감량 성공. 이것은 기적이다. 아니다. 엄청난 인내와 끈기, 노력과 훈련, 고통과 갈등, 불안, 의심으로 시작해 우정과 사랑, 이해와 배려, 열정과 성취, 행운과 행복, 믿음과 신뢰, 보물과 감동, 감격과 스릴 등등 말로 표현할 수 없는 어마어마한 것들이 함께한 결과였다.

성공의 행복은 오래가지 않았다.

역시 성공보다는 매일 매일 성장하고 성취하는 것이 중요하다. 100일 미션은 이제 끝났는데 좋지만은 않았다. 오히려 허전했다. 미션을 하지 않아 편하기는 했지만, 감사 일기 쓸거리가 없었다. 그런데 오늘 아침에 아들이 깨워 줘 테니스도 할 수 있었고, 감사 일기 쓸거리도 생겨 정말 기분 좋았다. 미션을 수행하며 내가 아들에게 100일 미션이 끝나더라도 운동하는 습관은 계속하라고 했더니 그러겠다고 했었다. 역시 우리 아들은 약속을 소중하게 생각한다.

어제까지는 미션을 수행해야 한다는 책임감 때문에 아들에게 부담을 주지 않기 위해 게임하자는 말을 하지 않았었는데 오늘은 자연스럽게 내가 먼저 웃으며 게임하자고 제안했다. 아들이 흔쾌히 그렇게 하자고 해서 기분이 좋았다. 처음 몇 번은 몸 풀기를 하고 게임에 들어갔다. 미션을 성공했기 때문에 아들도 편하게 하는 것 같아 좋았다. 게임을 하면서 아들이 재미를 갖도록 하기 위해 치기 쉽게 넘겨줬는데도 기대만큼 잘하지 못했다. 처음 하는 게임이기 때문에 천천히 끌어 주어야 한다. 사랑하는 아들이 앞으로는 책임감보다는 좋아서, 재미있기 때문에 하는 그런 상상을 해 본다.

정말 정말 행복하다.

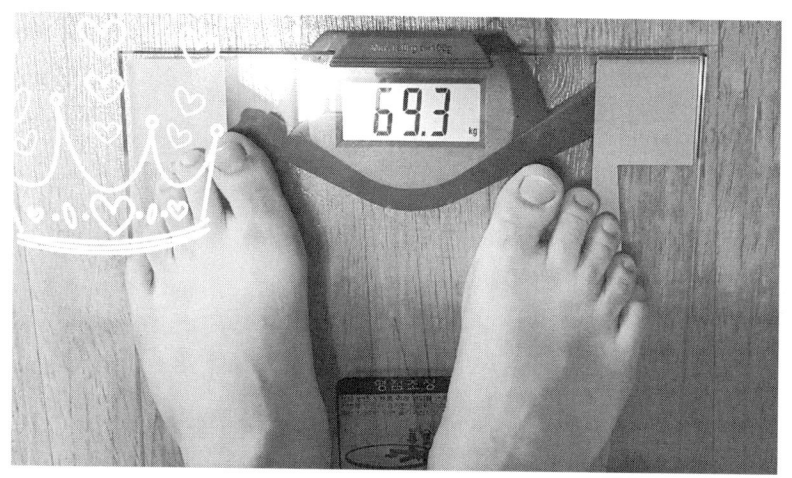

2018년 9월 17일 아들 이석현 몸무게

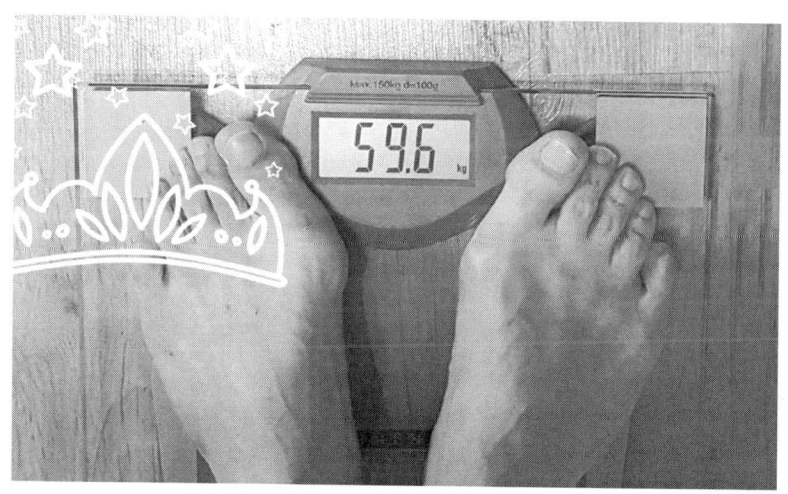

2018년 9월 17일 아빠 이영주 몸무게

chapter 03. 문제는 보물이었다

[Epilogue]

# 간절함이 기적을 만든다

아들과 테니스를 하며 나의 목표는 여러 가지가 되었다.

첫째는 다이어트 성공, 둘째는 100일 동안 운동, 셋째는 아들의 자존감 키워 주기, 육체와 정신 건강, 평생 자산인 테니스 취미, 부자간의 경애, 전부터 생각했던 테니스 일기 쓰기, 아들 캐드, 목공, 도장, 운전면허증 취득, 좋아하는 것, 잘하는 것 찾아 주기 등 날마다 새로운 목표를 정했다.

처음 나의 100일 미션은 불만과 인내의 연속이었다.

시간이 지나며 미션은 매일 행운과 행복, 성취와 성공, 재미와 자산축적의 황금알을 낳는 보물이 되었다. 지금까지 내가 한 투자 대비 효과가 가장 큰 보물이었다. 한 번만 사용하고 없어지는 사사로운 것이 아니라, 쓸수록 더 좋아지고, 더 많아지는 최고의 보물이 되었다. 아들이 저녁에 간식을 먹어 살이 찌는 경우가 있었는데, 그것을 극복하기 위해 나에게 3만 원씩 주면서 간식 먹는 습관을 고칠 수 있었다. 손가락과 허리가 아파서 불안하기도 했고, 무릎이 아파 뼈를 맞춘 적도 있었지만 우리는 포기하지 않고 계속했다.

매일 아들의 잠재 능력을 끌어내기 위해 최고의 시나리오를 썼고, 내가 생각한 대로 진행되어 갈 때마다 너무나 기분이 좋았다. 매일 신기록을 세우기 위해 서로가 젖 먹던 힘까지 다하며 우리는 말하지 않고도 행복해하는 서로의 마음을 느낄 수 있었다. 땀이 흠뻑 젖은 옷을 짜며 향기를 맡아 보고 흐뭇해하며 땀의 의미와 가치와 함께 인생의 참맛을 배웠다. 자신감을 키워 주기 위해 의도적으로 칭찬을 하고, 욕심을 자극하기 위해 큰 소리로 숫자를 세어 주었다. 자만하지 않도록 절제시켜 주고, 게으르지 않도록 채찍을 가했다. 자연스럽게 대화할 수 있도록 쉬운 질문을 해 주고, 어떠한 내용이든 질문을 하면 의견을 말해 주었다. 기쁘거나 슬프거나 안타까울 때는 아들과 공감해 주었다.

자신의 작은 장점들을 끌어내고 자존감과 용기를 키워 가며 테니스 실력이 향상되어 가는 것을 보는 것, 아들이 현명한 선택을 하고 인생의 새로운 지혜를 깨닫도록 표시 나지 않게 잠재 능력을 이끌어 내는 것이 나에게 가장 큰 기쁨이고 행복이었다. 세우지 않은 목표는 절대로 달성할 수 없다. 아들은 매일매일, 아니 순간순간 목표를 세우고 시험하며 성장하고 있었다. 목표를 세우는 습관, 새로운 도전의 습관이 최고의 보물이다. 다이아몬드 같은 보물을 누구도 훔쳐갈 수 없게 가신의 가슴과 세포에 차곡차곡 쟁이고 있었다. 남에게 느끼는 감동보다도 훨씬 더 크고 오래가는 것이 자신에게 감동하는 것이다. 아들에게 내 기분의 결정권이 있었다. 아들이 열심히 하면 나도 기분이 좋았고 열심히 하지 않으면 힘이 나지도 않고 기분이 안 좋았다.

세상 모든 곳에 배울 것이 있고, 배우는 것은 행복이라는 것을 깨닫게 되었다. 아들 친구가 약속을 지키지 않아 기분이 안 좋았고, 그 친구도 미웠지만, 아들도 미웠었다. 그런데 아들의 마음을 알게 되니까 그 친구보다도 아들이 더 안타깝고 대단하다는 것을 느꼈다. 아들에게 진정 친구를 위하는 방법에 대해 말해 주었고 아들은 나의 말을 인정하고 받아들였다. 아들은 못하는 것이 아니라 안 하는 것이었고, 해야 할 최선의 시기와 방법을 고민하고 기다린 것이었다.

열정적인 모습은 정말 감동적이었다.
어느 날 저녁에 아들이 땀을 뻘뻘 흘리며 열심히 운동하는 것을 보았다. 그래서 아들이 성공하면 100만 원을 주겠다고 했다. 물론 실패하면 아들이 200만 원을 주는 조건이었다. 이번 미션은 우리 가족에게 그만큼 중요한 일이라고 생각했기 때문에 꼭 성공하고 싶어서 한 결정이었다. 100만 원이 100억 원의 가치를 만들어 낼 것이라고 자신했기 때문이다.

미션 성공은 우리 가정의 보물 탑이 될 것이라고 자신했다.
이번 미션의 경험은 아들에게 '뭐든지 할 수 있다'는 인생에서 가장 소중한 디딤돌이 될 것이라고 생각한다. 아들은 앞으로 이력서를 쓸 때 믿음을 줄 수 있을 것 같다며 지금까지 가장 뿌듯했던 일을 쓰라고 하면 미션을 수행해서 다이어트에 성공한 일을 쓰겠다고 했다. 모든 것이 쉬워지기 전에는 다 어렵다. 어려울수록 더 재밌고 성취감이 크다. 그럴 것이라고 생각하지 않고, 생각하지도 못하고 했던 것이 우리 가정을 천국으로 만들어 주었다.

세포들이 놀라는 경험.
아들이 하나하나 시도하고 신기록을 경신할 때마다 모든 세포가 최고의 쾌감을 경험하는 듯했다. 내 삶 어디서 이런 쾌감을 반복적으로 느낄 수 있겠는가! 가장 소중한 아들과 신세계를 함께 경험했기 때문에 그 감동이 몇 배 더 컸다. 아들에 대한 신뢰, 나에 대한 대견함이 더해 가능한 것이다.

매 순간 아들에게 어떤 말을 어떻게 해 줘야 좋을지 생각하고 말했다. 특히 듣기 싫어할 말은 정말로 여러 번 고민했다. 기대만큼 못할 때는 여러 번 하기 싫었지만 나는 계속했다. 테니스를 하며 아들의 실력이 좋아질수록 안타깝게도 우리의 소소한 감동은 줄어들었다. 나는 이미 목표를 넘어섰는데 아들은 아직 못했을 때 아들이 포기할 수도 있다는 생각이 들어 의도적으로 음식을 더 먹기도 했다.

아들이 무릎 아프다고 해서 교정을 받으러 갔다. 우리가 생각했던 것보다도 훨씬 안 좋은 상황이었다. 그동안 아들에 대해 의지력이 약하고, 끈기가 없고, 운동도 하기 싫어한다고 실망스러워했었다. 그런데 아들은 안 한 것이 아니라, 할 수가 없었던 것이라는 것을 알았을 때 미안하고 마음이 아팠다. 아들 무릎도 안 좋고 중간에 장마가 와서 군청 체력 단련실에서 운동하게 되었고, 설상가상으로 내가 러닝머신을 하다 종아리 근육이 파열되어 테니스를 못하게 되었다. 이번 미션 중 가장 중요하다고 생각했던, 아들에게 테니스 취미를 갖도록 해 주겠다는 나의 계획이 실패로 끝나는 줄 알았다. 서운하고 불안했지만, 아들의 의견을 존중했다.

성공 직전에 위기가 왔다.

매일 조금씩 먹는 양도 줄이고 운동량도 늘렸지만, 5일밖에 남겨 놓지 않고 아들이 음식 조절을 못해 몸무게가 75kg 나갔다. 얼마 전까지만 해도 자신감이 있던 아들이 불안해했다. 나도 걱정되었다. '아들이 실패하면 어쩌나? 나도 같이 실패해 줘야 하나? 아니면 내가 이겨 줘야 하나?'를 며칠간 고민했다. 주변 사람들에게 5일 동안 5kg을 뺄 수 있겠냐고 물었더니 큰일 난다며 대부분 다 불가능할 것이라고 했다.

아들은 대단했다.

며칠 남겨 놓고 테니스를 하자고 했다. 한 끼도 먹지 않고 과일만 먹으며 테니스를 하더니 마지막 날에 69.3kg으로 뺀 것이다. 이 얼마나 감동적인가!

아들도 100일 미션 성공 수기를 썼다.

내용도 좋았고 잘 썼다. 내가 운동을 같이 해 준 것에 대해 감동받았다고 해 너무 좋았고, 이번 미션으로 나와의 엄청난 추억거리가 생겼다고 했다. 혼자 했으면 못했을 텐데 나와 같이 해서 성공했다고 했다. 어떤 것을 하는 것도 중요하지만 누구와 하는 것이 정말 중요한 것 같다고 했다. 매일 감사일기 쓰는 것만으로도 엄청나게 의미 있는 일이라고 했다. 살도 빼고 주변 사람들에게 의지가 강한 사람으로 인상을 심어 주게 된 것은 나와 함께 만든 기적이라고 했다.

아내는 나에게 '세상에 딱 한 사람!'이라고 칭찬해 주었고, 딸도 '우리 집은 참 행복한 가정이고 천국이다'라고 했다. 이 얼마나 감동적이고 행복한 일인가!

**혼자 꾸는 꿈은 그냥 꿈이지만 함께 꾸는 꿈은 현실이 된다.**
**세상 사람들이 모두가 아는 비밀.**
**친구도, 사랑도, 행복도, 행운도, 기적도, 천국도?**
**답은 '내가 만드는 것'이다.**

정말 정말 감사하다.